AF318818

LE
NOUVEAU PARIS

PAR LE CIT. MERCIER.

VOLUME QUATRIÈME.

BIBLIOTHÈQUE NATIONALE · FONDS LA SEINE · INTERNES ·

À PARIS, chez FUCHS, Ch. POUGENS, et Ch. Fr. CRAMER, Libraires.

LE
NOUVEAU PARIS.

A

Chapitre CXIX.

M. A. C. L.

On lisoit ces quatre lettres majuscules sur le frontispice d'une infinité de maisons; cela vouloit dire: *Maison assurée contre l'incendie.* Mais un sans-culotte s'avisa de les interpréter ainsi: *Marie-Antoinette cocufie Louis.*

Cette licence bouffonne fit le plus grand tort au roi, que le hazard attaquoit jusques dans l'arrangement de quelques lettres; et l'on trouva plusieurs fois ces deux vers parodiés de Voltaire, affichés au coin des rues :

Les cornes ne sont pas ce qu'un vain peuple pense;
Ils furent tous cornards, tous ces beaux rois de France !

Chapitre CXX.

La ville de Paris en relief.

(Monument qui se voit au Palais-Égalité.)

Si la révolution de la France est l'événement le plus grand, le plus extraordinaire qui soit arrivé dans les empires du monde, depuis le cours des siècles, et le plus mémorable que les archives du tems et les fastes de l'histoire puissent conserver aux dernières générations ; on aimera sans doute à contempler le point où elle a pris naissance, et où fut arboré pour la première fois ce signe de régénération, cette cocarde nationale qui doit faire le tour du monde ; événement dont la prophétie se réalise chaque jour.

Il n'est pas bon de tout imiter; il est insensé de vouloir peindre ce qui est au-dessus du pinceau: mais si au lieu de tant de vaines et stériles peintures, nous avions sous les yeux la physionomie réelle des anciennes villes du monde, dont il ne reste plus que le souvenir, peut-être decouvririons-nous dans leur structure, leur position, leur localité, de quoi nous éclairer sur le génie plus ou moins grand, plus ou moins heureux, qui a présidé jusqu'ici au destin inconnu des nations.

Un artiste a fait un monument qui n'existe, à ce que je sache, pour aucune autre ville, du moins dans ce degré de justesse et de supériorité: c'est le plan de Paris en relief; de cette grande ruche humaine, où luttent et vivent tant d'élémens contraires. Eh! que ne donneroit-on pas pour contempler dans la même proportion l'opulente et superbe Tyr; Thèbes aux cent portes; la florissante Alexandrie; Persépolis; Babylône aux jardins suspendus; Palmyre dont les ruines nous tiennent encore en extase; Carthage; l'ancienne Rome, enfin presqu'effacée? l'art auroit pu les immortaliser et les transmettre jusqu'à nous; et si les missionnaires de la Chine, au lieu de leur fatras mystique, nous eussent dessiné et envoyé Pekin ou Nankin, quelle ne seroit pas notre attention! Que nous importera la ville que l'on nous promet en Afrique, et que l'on annonce trois fois grande comme Londres *), si l'on ne sait nous dire quelle est sa grandeur, sa proportion relative aux villes que nous connoissons.

C'est une idée heureuse, neuve et hardie, que d'avoir conçu ce plan figuratif et, pour ainsi dire, animé, qui nous met sous les yeux une immense capitale, nous

A 4

---

*) La ville de *Haussa*; elle est située dans le Sud-Est de la ville de Tombut, sur un fleuve qui est à la suite du Sénégal, par la latitude à peu-près de 15 degrés.

en fait apercevoir tous les contours, et ne néglige aucun des détails; de sorte que l'œil se promène dans les sinuosités des rues les plus obscures, visite les places, entre dans les promenades, et reconnoit dans quarante-cinq pieds de circonférence les maisons; les édifices, les palais, les places et carrefours, dans une proportion rigoureusement géométrique. Ce monument, bien que composé de bois et de carton, peut dans sa forme exigue se dérober à la faulx des tems, et égaler, de même que les pyramides d'Egypte, la durée des siècles; et ce tableau, sous le rapport de la politique, de l'économie civile, de la police et de la morale, est bien autrement important pour le philosophe, que les batailles factices et mensongères d'Alexandre et de Constantin. Le tableau dont je parle (et il en mérite le nom), vous offre dans un espace circonscrit, la première ville, pour ainsi dire, de l'univers, par le rôle qu'elle a joué et l'influence toute puissante qu'elle exerce et qu'elle exercera encore plus étonnamment sur le reste du globe.

C'est un grand aperçu pour celui qui réfléchit, et même pour celui qui réfléchit peu; car il excite la méditation, produit la surprise, fait naître le plaisir et l'admiration; et c'est la preuve d'une patience et d'un talent extraordinaire que de l'avoir exécuté avec une justesse qui se découvre d'autant plus qu'on observe davantage, ou de plus près.

Au premier coup-d'œil c'est une miniature dont l'image s'agrandit insensiblement à mesure qu'on la contemple; et l'on voit s'arranger comme de soi-même et grossir cet immense et incroyable amas de maisons très-accumulées au centre, qui réveillent en vous l'idée d'une population extraordinairement rare, en même tems qu'elle vous fait remonter au tems des Julien, des César, où des huttes occupoient la place des palais; et les Césars n'imaginoient pas alors que les habitans de cette bourgade boueuse iroient saisir un jour le Capitole et ressusciter le génie des Catons et des Brutus.

Le ci-devant bourgeois reconnoît le clocher de sa paroisse où il n'y a plus de curé, le millionnaire sont hôtel qu'il a acheté en délogeant un prince, et le jardin anglois y attenant; le marchand de draps le coin de rue qui fait la renommée de sa boutique et où il aune en zig-zag; l'artisan son attelier où l'ouvrier lui fait la loi; l'architecté les deux maisons qu'il a bâties pour s'en faire à lui-même une troisième; l'ancien clerc de procureur la lucarne du petit grenier qu'il occupoit; la religieuse la porte du couvent qui s'ouvrit enfin à ses vœux; la jeune fille l'Elysée où la conduisent le plaisir et l'amour; l'amant la fenêtre où il lança avec la pierre la lettre qui fit depuis sa joie ou son tourment. Je salue l'opulente maison du fournisseur de la République: dans des tems calamiteux il a daigné voler un peu la République, lorsque personne ne vouloit la servir: la patrie est sauvée; je ne lui reprocherai point ses bénéfices ni ses jouissances.

Là l'épouse de l'ex - conventionnel montre à sa fille la prison où son malheureux père abandonné de la nation entière, et toujours républicain, attendit la mort qu'il avoit bravée pour l'intérêt de la liberté, et par haîne pour l'anarchie, et l'attendit pendant treize mois à chaque instant du jour et de la nuit; voici les prisons qui furent ensanglantées par les crocs et les massues, tandis que le rideau de l'Opéra se levoit, que Vestris dansoit, et que tous les autres spectacles étoient pleins.

De son côté, l'astronome découvre l'Observatoire, cette clef merveilleuse du firmament; il croit lire dans les astres, dans ces lettres de feu, il ne fait encore qu'épeller, et voilà pourquoi il méconnoît le livre. Le savant, ou celui qui prend ce nom, aperçoit la vaste bibliothèque où les trésors littéraires lui sont ouverts, mais où l'immensité et l'inutilité des volumes en fait ressembler les trois quarts et demi à de la pierre taillée.

L'artiste reconnoît la galerie du Louvre où sont les tableaux qui font son admiration et son désespoir; le militaire l'hôtel des Invalides, terme de son repos, récompense honorable de ses travaux; le poëte le Panthéon où il ne sera pas admis, temple d'ailleurs chancelant sur ses imprudentes bases; le débutant dans la carrière des lettres cherche la salle de l'Institut national, amalgame jusqu'ici inconnu; puisse-t-il ressembler au métal de Corinthe, jugé plus précieux que l'or même. Le philosophe sourit au dôme de cette Sorbonne où étoient ces plaisans théologiens, dont tout le monde a droit de se moquer aujourd'hui, excepté peut-être un professeur d'entendement humain: pourquoi ne pas dire là-dessus avec le philosophe Montaigne que nous ne savons le tout de rien? Voici les colléges d'où le pédantisme chassé revient sur le coup, et s'enracine de nouveau par l'indomptable opiniâtreté de la sottise enseignante, sur-tout lorsqu'elle est en chaire. La courtisanne qui se rit de tous les écrivains et professeurs s'arrête devant le pavillon chinois où elle a gracieusé l'aristocrate; c'est pour elle le bon citoyen. Le danseur a trouvé du premier coup-d'œil la position de l'Opéra qu'il appelle le spectacle unique, et qui l'est effectivement quant aux ballets. Pour l'agioteur, qui n'a jamais eu que la morale du brochet, il ne cherche et voit que le palais royal où se meuvent, sous le drapeau de l'usure ses phalanges dévorantes; et comme les vices se marient ou s'attirent, c'est encore là que la débauche étale ses scènes honteuses, et épouvante l'œil ou la pensée de la pudeur.

Mais l'homme qui aime la patrie et la liberté se recueille, contemple long-tems et en silence ce qu'on appelle le Manége, ce siége de la Convention où la République fut fondée, ce point de rénovation qui tient du prodige, ce point redoutable et sacré comme le tonnerre des cieux, d'où se sont élancées les tempêtes, qui semblables aux orages physiques, déchirent et renouvellent le sein de la nature. L'observateur attentif devant cette curiosité reconnoît aisément les affections secrettes ou cachées des individus, par les objets qu'ils considèrent plus particulièrement; l'ancien bonnet rouge lui-même, frémit quand le bout de la baguette marque la place où Samson battoit monnoie, où la statue de la liberté devint, l'idole de Moloch; et il s'éloigne un peu de côté pour ne pas entendre la réflexion qui suit, et qui le regarde.

Ici les tours du Temple qui élèvent dans les airs leurs formidables flèches, rappellent la destinée du dernier roi des Français, et la terrible punition de son

parjure; elle a retenti jusqu'aux extré-
mités des royaumes de Tunquin, de Lao,
et de la Cochinchine.

Au Champ de Mars sur ces longs et
circulaires amphithéâtres; on se rappelle
ces quatre cent mille hommes assis dans
cette fête de la fédération, la plus singulière, la plus magnifique, et la plus
riante qui ait frappé nos regards, fête
au-dessus des descriptions romantiques,
lorsque la révolution, encore intacte et
pure, et conforme aux écrits des sages,
n'avoit pas été couronnée de serpens, armée de poignards, et couverte d'une robe
livide et ensanglantée.

Les tours Notre-Dame retracent la
facile destruction du culte catholique, les
saturnales, les bacchanales de la déesse de
la raison, lorsqu'on affubla les ânes et les
mulets d'Étoles et de Chasubles, qu'on
mangea la salade aux anchois dans le
Ciboire, et qu'une chanteuse prit sur le
Maître-Autel la place de l'immaculée
Vierge Marie; or, voici la place de Grève,

où Geneviève, pendant mille ans la patrône révérée, fut brûlée comme Duchauffour et Desrues; voici cet hôtel de ville où la rebèle Commune alloit avec son Henriot du 31 Mai et son orateur Chaumette, égorger la Convention qui dormoit sous les couteaux. Que de souvenirs!

Mais quel étonnement! dans ce tableau en relief on y retrouve la bastille; on s'indigne, mais l'on sort tout-à-coup de cette fâcheuse idée, comme l'on sort au réveil d'un songe pénible; l'artiste a voulu faire un petit mensonge qui tournât au profit de notre sensibilité et de notre républicanisme. En crevant la bastille, le peuple creva à point nommé la vessie du terrible Léviathan qui alloit dévorer avec ses troupes allemandes la moitié de la cité; l'œil du spectateur qui sourit, efface la bastille qui n'est plus que là, et tout au plus que d'un pouce et demi de hauteur. Qu'ainsi soient réduites toutes les bastilles de l'univers, ... qu'elles

subsistent encore, mais en carton; fière
tour de Londres, tu seras ainsi humiliée,
et ton terme approche!

Mais le charme de l'illusion est complet, si muni d'un verre qui grossisse les
objets, on le porte successivement sur
les tours et sur des dômes qui s'élèvent
au-dessus des humbles maisons; sur le
dôme du Val-de-Grace, sur la coupole de
la Halle aux bleds, ce chef-d'œuvre
de coupe ingénieuse, sur l'Hôtel des mon-
noies, sur la Trésorerie nationale qui
vomit si difficilement de ses entrailles,
à ce que dit le rentier; sur les tours iné-
gales de St.-Sulpice, sur la vaste et
lourde calotte de l'Assomption, sur le
Luxembourg, aujourd'hui le palais Direc-
torial, d'où a fui le prétendant, pour ne
plus reparoître, et d'où sortira la foudre
qui, en affranchissant les mers, tuera le
plus atroce des gouvernemens; et c'est
ainsi que finira la querelle de trois cents
années: on revient plusieurs fois sur la
colonnade du Louvre, les Tuileries, le

IV.   B

Garde-meuble, l'École militaire, le palais Bourbon, que son ancien maître ne verra plus qu'en rêve au fond de la Russie où il est allé affronter le knout, sous les humilians bienfaits d'un despote; dans cette nouvelle salle, dans l'intérieur de cet édifice gâté par les plus grossiers architectes, se rectifiera cet épouvantable amas de lois écriturières, qui font tous les péchés politiques et qui ne se concilieront jamais avec cette liberté que j'idolâtre et que je conçois; la pédanterie, trop commune du légiste s'en éloignera; le pédantisme, hélas! est partout; mais il n'a jamais fait plus de mal que dans la tribune; Robespierre étoit moins cruel encore que pédant, et tous les pédans politiques sont des *Robespierres en herbe.*

Telle est la ressemblance avec laquelle chacun de ces édifices est représenté, qu'avec une lunette on croit les voir séparément dans leur dimension naturelle.

Ensuite que le spectateur, debout sur une chaise, découvre Paris beaucoup mieux qu'il ne le verroit du haut de la tour St.-Jacques-la-boucherie ; il l'embrasse d'un seul regard, mesure son diamètre en suivant dans leur singulière longitude les immenses rues St.-Martin et St.-Jacques, et l'étroite obliquité des rues adjacentes qui font contraste : on diroit qu'une intelligence a dessiné d'abord les artères et les veines ; puis l'indigent fixe en silence le grand hospice d'humanité, qui s'appeloit encore mieux *la maison de Dieu*. Là s'exerce de tous les arts connus le plus avancé, le plus perfectionné, la chirurgie ; la chirurgie qui peut dire avec orgueil à la médecine : Vous êtes encore loin de moi !

L'entrée de la ville du côté de la barrière Chaillot offre les avenues de la plus grande et pompeuse magnificence ; elles sont mariées par la vue au château des Tuileries, et l'ensemble forme le plus beau, le plus étonnant, le plus riche jardin que l'imagination puisse créer et l'œil contempler.

L'œil parcourt à vol d'oiseau les routes circulaires des boulevards quelquefois doublées ; les étrangers jugent de la grandeur de notre capitale, de la beauté de ses environs, de l'élégance variée de ses maisons de plaisance, en suivant les longs boulevards, dont les arbres touffus forment au milieu d'elle une immense couronne, et l'embrassent, au lieu des remparts de pierres, de leurs vertes ceintures. Les voilà, ces immenses faubourgs, plus grands que des villes ordinaires, qui ont vomi des armées dans les grandes époques de la révolution; car les faubourains sont travaillés dès qu'il se prépare un mouvement.

Les étrangers nomment par leurs anciens noms, les hôtels du faubourg St.-Germain, aujourd'hui déserts, dont les habitans ont mieux aimé ramper et mendier dans ces cours qui les trompent et les méprisent, plutôt que de s'unir à nôtre majestueuse et invincible cause; les étrangers planent sur ces grands jardins où les ducs et marquis ne rentreront plus, distinguent à leur belle largeur les rues de Bourbon et de l'Université, où rouloient les équipages de la noblesse; se perdent, se retrouvent, se perdent encore, mais ils ont pour points de ralliement et les salles de spectacle qu'ils fréquentent et les douze ponts qui établissent les points de communication du nord au midi et du midi au nord.

Parmi tant de maisons, l'étranger cherche dans un quartier éloigné la modeste habitation du héros dont le nom en efface déjà tant d'autres, et qui n'a pas encore achevé ses hautes destinées; l'étranger dira en retournant dans son lointain foyer: J'ai vu du moins sa demeure; il cherche encore dans un quartier bruyant l'humble domicile de J.-J. Rousseau, exilé des Alpes, qui manquoit de bois pendant l'hyver, et qui reçut après sa mort des statues et les hommages de fêtes dispendieuses.

Enfin l'œil se plaît à retrouver, à suivre les divers embranchemens de la Seine qui forment les îles St.-Louis, Louviers, et la Cité; c'est le corps d'une hirondelle avec des ailes d'aigle, et c'est de la Cité qu'est sortie la grande ville: la fille est au moins trente fois plus grande que la mère; c'est un nain qui a enfanté un géant. De ce point primordial on suit le cours majestueux de la Seine, ses quais superbes et que l'on ne voit point ailleurs; le Pont-neuf qu'il sera si aisé de métamorphoser en pont triomphal à la gloire de nos généraux. La Seine coupe tellement en deux la grande ville, que le poids des édifices de chaque côté est à peu près égal, et que l'œil hésite pour savoir lequel est le plus chargé de maisons; le regrattier qui usurpe le nom de commerçant ne s'attache qu'à la Halle; c'est la mine où s'enrichissent ses pareils; ainsi que le maître-d'hôtel, il ne suit les quais que pour distinguer chaque port d'après les différentes marchandises qui y sont déposées; il fixe son attention sur les trains et sur les batteaux qui les bordent, il rêve et il s'apprête aux accaparemens, à tous les genres de monopole sous l'œil même des lois et des magistrats dont il confond la vigilance et l'autorité.

Mais il faut voiturer chaque année sur ce point des bois exploités à trente et quarante lieues de distance à la ronde, pour alimenter les cheminées ardentes du riche, les poëles de la pauvreté, et les chauffrettes de l'indigence.

Des quais sont comblés de tonneaux de vins, et l'ami de l'humanité ne songe point sans douleur que cette boisson, si précieuse à la santé quand elle est naturelle, est falsifiée par les vendeurs, et n'arrive jamais à Paris que pour y subir une seconde et quelquefois même une troisième falsification. O chimistes! que faites - vous ? quand un auteur se rend coupable d'un sollécisme, ou manque aux règles théâtrales, il est rudement tancé le lendemain par les critiques; et vous ! que ne vous promenez-vous sur le port, tasse d'argent en main, en goûtant, en marquant, en dénonçant le tonneau frelaté ?

Voici où l'on décharge les batteaux de charbon; et quand ils crèvent, ou qu'ils se renversent, les ondes de la Seine ressemblent pendant plus d'une heure aux eaux du Styx.

Le spectateur qui aime à étudier ce point central d'un grand empire, le théâtre des plus grands événemens, la ville qui a étonné le monde entier, et dont on parlera encore dans mille ans, comme on en parle aujourd'hui, se ménage les plus douces surprises, en se plaçant devant les points de vue que l'artiste a reproduits avec tant d'artifice; on ne se lasse point d'admirer l'étonnante perspective du château des Tuileries, où le despotisme après avoir signé et paraphé le traité de Pilnitz, c'est-à-dire, le déchirement et le partage de la France, voulant resaisir son sceptre de plomb, mais tremblant du coup, et tombé dans ses propres filets, fut vaincu pour jamais; voyez le plus imposant des spectacles, depuis la place jadis royale, jusqu'aux Champs élysées. Le Jardin des plantes console, pour ainsi dire, celui qui est jeté hors de la ville; et les allées de St.-Mandé peuvent réjouir le faubourain, qui devient l'antipode de la barrière Chaillot, le Jardin des plantes, je le découvre avec un œil de prédilection, je le préfère au séjour fastueux où s'enorgueillissent ces arts, ces chefs-d'œuvre immoraux qu'on devroit reléguer dans les Musaeums, et non offrir aux yeux de l'adolescence, qui ont subsisté trop longtems aux dépends de l'agriculture resserrée, négligée, abandonnée et dont on a immolé les trésors nourriciers à des figures inanimées, indécentes et très-inutiles au bonheur de l'homme.

Les places qui offroient les statues des rois, n'ont plus que leurs piédestaux dégradés, mutilés, comme un éternel témoignage de la puissance du peuple et de la foiblesse des rois; on sourit de tous ces monastères vides de leurs moines et moinesses, et transformés en salles de bals, de danse, de musique et de restaurateurs. Le clergé possédoit le tiers des édifices et maisons de la grande ville; où est-il, ce clergé antique, riche et puissant? un jour l'a détruit, et la mître papale, la thiâre, sont tombées après lui; le grand Lama ou le Dalai-Lama tient bon encore.

Tel est ce plan curieux et instructif qui remet Paris sous nos regards, tel qu'il étoit en 1789, sans aucune dégradation, et dans tous ses accroissemens successifs. On voit que la révolution, si elle a fait tomber des milliers de têtes, n'a point endommagé sa masse physique, qu'elle est la même, absolument la même, et cette réflexion qui nous dit que l'oiseau passe et que le nid demeure, se creuse encore lorsqu'on contemple tant de palais et de maisons que n'habitent plus leurs propriétaires, ni leurs possesseurs encore vivans.

Mais, quand Bossuet tonnoit à Versailles devant Louis XIV avec ces paroles : *Les royaumes meurent, Sire, comme les rois ;* on ne prenoit à la cour ces mots prophétiques que comme un langage de prédicateur. Bossuet semble avoir annoncé cette république de France qui marche d'un pas ferme dans toute l'Europe.

Il ne manque à la perfection de l'ouvrage, qu'une chose que la puissance humaine ne peut lui donner ; c'est d'y voir comme dans Paris même le mouvement de ses habitans, le concours des voitures, la course de ces chevaux, et de ces cabriolets légers et dangereux, et encore indéfendus ; les flots tumultueux d'un peuple qui s'agite, d'un peuple qui court de préférence à ces spectacles qui n'offrent plus que des enfers, des démons, des spectres, des revenans, des nones ensanglantées, dont il s'amuse, parce qu'il n'y croit plus.

Une chaise de poste la transportera, l'étonnante ville, chez toutes les nations de l'Europe; l'artiste la fera voir aux hommes, aux femmes, aux enfans de différentes contrées; il la fera voir et entrer à Londres; sous les portes de Vienne, de Madrid, de Berlin, de Pétersbourg; jugez de la surprise de tous ces potentats jaloux; ils n'ont rien à lui opposer; jugez encore de l'étonnement du grand Turc et du Kan des Tartares, à l'aspect de Paris qu'ils n'ont jamais vu que sur la carte et pas plus grand qu'un point; ils en ont entendu parler comme de ces beautés poëtiques qu'on célèbre dans les odes pindariques; ils la verront face à face, et ils seront stupéfaits; et si ces despotes sont environnés alors de leurs courtisans, aucun d'eux ne demandera, ou n'osera demander : Où est la place de la révolution ? personne ne dira : Montrez - la à sa majesté; toutes les femmes des contrées éloignées soupireront en voyant le plan d'une ville où elles auroient voulu naître, et toutes diront tout bas : Oh! ce n'est que là que sont les plaisirs! ce n'est que là que notre sexe jouit d'une double liberté!

Si l'artiste voyage, ainsi qu'il me l'a promis, s'il transporte au loin son curieux monument, il pourra dire à la foule qui n'a point voyagé et qui ne voyagera point : Voilà cette ville si fameuse et que je vous apporte; je la place sous vos regards, cette ville depuis tant de siècles la tête, le bras et le flambeau de l'Univers! voilà cette ville souveraine par ses sciences, ses arts et ses modes, où tout ce qui fut célèbre vint ou nâquit; où, à la paix prochaine, l'Europe entière débordera, affamée de voir des lieux si long-tems célèbres; voilà ce point unique, cette ville mère glorieuse de la liberté sortie triomphante de son sein, comme Minerve sortit toute armée du cerveau de Jupiter. Elle voulut écraser un trône qui pesoit sur elle, et elle l'écrasa en trois jours. Son insurrection fut le coup de queue de la baleine qui renverse l'esquif du harponeur : ainsi que la bombe élancée dans les airs, ne rentre point dans le mortier, ainsi l'esclavage a fui de cette superbe ville pour n'y plus redescendre ; au sein des tempêtes de la révolution et de la sanglante anarchie, elle a gardé une assiète immobile ; ses propres fureurs, les excès jacobites n'ont pu la détruire, et les armées innombrables des rois conjurés qui vouloient la dévorer, ont passé comme l'ombre ; leurs forteresses lointaines sont tombées, et Paris subsiste tout entier ; une ombre de défense a fait reculer les légions si fameuses que commandoit un roi du nord ; Paris a détaché de son sein trois cent mille hommes, et il n'y paroît plus ; il a envoyé la guerre châtier l'Italie et l'Allemagne, et l'Allemagne et l'Italie lui ont demandé la paix. Là, est le cerveau puissant qui crée, forme et dissémine les républiques, qui les fera germer sur le sol opprimé par des rois ou des oligarques; là, est le bras qui exécutera les projets les plus hardis, qui jetera un pont de la Seine à la Tamise; il a déjà changé la face féodale de l'Europe, et plus la résistance aux droits de l'homme et de la liberté sera grande, plus le torrent régénérateur couvrira de plus large surface. Tel un rocher au milieu des mers voit arriver les vagues du pôle; il les repousse; elles fondent du bout de l'horison, et il résiste à leurs efforts. Il tient au fondement du monde, il verra mille naufrages, et subsistera dans toute sa gloire, dans cette gloire que donnent la force de la pensée et le courage des armes.

D'autres s'extasieront devant les peintures noircies ou hideuses qui nous sont venues d'Italie, qui ne nous offrent

guères qu'une mythologie impertinente
et usée, un ancien régime de terreur, la
rage délirante de bourreaux renouvellée
de nos jours; on diroit d'anciens comités
révolutionnaires exerçant leurs barbaries;
c'est un Fouquier-Tinville sous le nom
d'Hérode, de Pilàte ou de Dioclétien; je
détourne la vue de ces vieilles horreurs
qui semblent atténuer les nouvelles;
j'aime mieux considérer *Paris en relief*, et
voilà pour moi, comme j'aime à voir les
tableaux; c'est-à-dire, ceux qui me donnent la physionomie vivante des villes
et qui sauvent leur mémoire de la destruction, tableaux vrais qui font rêver
le philosophe et le législateur, qui inspirent le moraliste et lui dictent des idées
de police de tout genre; c'est ainsi sans
doute qu'une génération future, moins
enfantine que la nôtre, moins amoureuse
de fausses et de barbares images, les
aimera et fera de profondes réflexions sur
une ruche humaine de cette étendue et
de cette vaste dimension. Cet artiste se

nomme le Cit. *Arnaud;* il a fait au
physique sur Paris ce que j'ai tenté
de faire au moral dans mon tableau,
et j'ai cru que c'étoit à moi qu'il appar-
tenoit de parler de cet ouvrage, unique
en son genre.

IV.   C

CHAPITRE CXXI.

Mots du Tiers-État.

Un gentilhomme des états du Dauphiné disoit pour soutenir la primatie de la noblesse : *Songez à tout le sang que la noblesse a versé dans les batailles.* Un homme du Tiers-État lui répondit: *Et le sang du peuple versé en même tems, étoit-ce de l'eau?*

Un de nos seigneurs recevoit un jour ses fermiers qui lui apportoient de l'argent, et pour se donner un air de popularité, il les fit mettre à table. A la fin du repas voulant régaler ses convives, il dit à son maître-d'hôtel: *Servez-leur du*

Tiers-État; c'étoit de l'eau-de-vie qu'il appeloit ainsi. *Vous avez bien raison,* lui répondit un des paysans, car c'est la liqueur qui a le plus de force et d'esprit.

Chapitre CXXII.

Boutiquiers.

En général tout ce qui compose les boutiquiers, les détaillans, les petits marchands, tous, plus ou moins, sont clamateurs par caractère et par habitude. ils font le procès à tous les hommes qui ont pris quelque part à nos débats politiques; une révolution est toujours un fléau pour la génération qui la voit naître; on diroit à les entendre que la révolution auroit dû choisir un tout autre tems que celui où ils existent. Pourquoi les dangers sont-ils venus les trouver? . Ils n'examinent pas si cette révolution a embrassé plusieurs révolutions différentes; ils enveloppent

dans une même censure les talens,
les vertus et les vices d'une foule d'individus; ils prodiguent les noms de
factieux, de scélérats, aux patriotes qui
ont servi leur pays, comme aux monstres
qui l'ont déshonoré par leurs crimes.

Ils n'ont pas honte d'associer Con-
dorcet et Marat. Les accusations les
plus ridicules, les invectives les plus
grossières sortent de leurs bouches
contre tous les républicains; ils aimeroient mieux voir l'humanité dévorée par
un éternel despotisme, que de souffrir
les orages qui ont troublé leur commerce; ils se disent amis du repos, et
avec ces amis, le sceptre de fer des
tyrans seroit inamovible dans leurs
mains; les rois ressuscités et replacés,
pourroient sans crainte se livrer à tous
les excès de la vengeance, à toutes les
démences du pouvoir.

Ils rappellent sans cesse les tables
de proscription, et quand les charrettes
fatales qui traînoient les victimes au

supplice venoient à passer, ils regardoient froidement et tranquillement ceux qu'on alloit immoler, et n'honoroient leur constance et leur malheur ni d'un soupir ni d'un regret.

Leur courage n'a point été mis à la même épreuve; ils ne réfléchissent pas même s'il y a eu du courage à braver l'oppression et la tyrannie.

Les mesures arbitraires sont, à ce qu'ils disent, celles qui ordonnent les patentes, et font payer les impôts: voilà ce qui devroit réveiller leur indépendance, s'ils savoient manier autre chose que l'aune et la plume qui trace la règle de multiplication.

Dénués de toute espèce d'idées politiques, peu leur importe, que l'un veuille redresser les autels sanglans du maratiste, et l'autre relever le trône anéanti par la volonté générale; il n'y a d'autres vexations que celles qui tombent sur les marchands; et comme le mot républicanisme est un mot nouveau, il étoit fort inutile de le créer ainsi que le calendrier, qui a témérairement changé les noms des mois de l'année, ce qui oblige le bourgeois sans mémoire, à avoir de la mémoire, attentat sans exemple, systême criminel, extravagance complète ! Tels sont les discours des boutiquiers, et je range dans cette classe les notaires; le plumitif est ce qui rétrécit le plus les idées, et les notaires ont les idées les plus étroites que l'on puisse avoir dans un renouvellement de choses.

Chapitre CXXIII.

Arrestation.

Linguet qui proscrivoit ce mot, vouloit qu'on se servît de celui *d'arrêtement :* Linguet avoit tort. On ne doit employer ce mot qu'en parlant des choses ; on doit dire, par exemple : *l'arrêtement* du cours d'un ruisseau ; *l'arrêtement* d'une voiture à la porte d'un bâtiment. Le mot *arrestation* ne convient qu'aux personnes arrêtées par ordre d'une autorité constituée.

Cependant lorsqu'on découvrit des preuves de la trahison de *Gabriel Mirabeau*, que *Condé* appeloit *un grand homme, et un grand coquin*, et qu'on discuta à la Convention nationale la proposition qui fut faite d'exhumer du

Panthéon, les cendres de ce député qui vendoit son génie au plus offrant, *Pierre Manuel*, après avoir défendu la mémoire de son ami, termina son discours, en disant: „qu'il falloit se borner à mettre cette mémoire en *arrestation.*"

Lorsque le décret qui ordonne l'arrestation des *gens suspects* parut, on vit en tremblant que par la définition qu'il donne, de ce qu'il faut entendre par un homme *suspect;* il n'étoit plus personne que le comité de salut public, que les comités révolutionnaires, que les vice-rois dans les départemens, ne pussent déclarer tels. L'exécution suivit de près la promulgation de cette loi qui imprimoit le signe de l'esclavage sur le front de la liberté. La crainte d'etre dénoncé comme *suspect*, fit que les uns, abandonnant leurs foyers, s'enfoncèrent dans les forêts, tandis que d'autres, après avoir fait leur testament, s'enterrèrent dans des cavernes.

Chapitre CXXIV.

Boissy - d'Anglas.

Surnommé *Boissy-Famine*. Il fut maître-d'hôtel du frère du roi, pensionnaire de la cour; il me sembloit quand il parloit, tenir toujours la serviette sous le bras, ainsi que je voyois à Pastoret sa robe parlementaire qui lui tomboit jusqu'aux talons.

On ne sait pas encore si ce Boissy-d'Anglas n'étoit pas d'accord avec les assassins de Féraud, quand il parut impassible en saluant la tête sanglante qu'on lui offroit; les coups de carabine percèrent les planches à quatre pieds de lui. Fidèle au plan de la réaction royale, il batailla pour elle jusqu'au 18 Fructidor, terme de son rôle.

Il avoit signé la protestation des soixante-treize. Tout étonné d'avoir fait un acte de courage, ou plutôt ayant peur, il supplia pour effacer sa signature. Cette grace lui fut accordée par le mépris.

L'idée d'organiser une famine n'étoit pas neuve; la cour en avoit quelquefois usé; durant l'été de l'an III Boissy-d'Anglas mentit comme un Barrère, et favorisa, comme un des agens les plus actifs de la faction des Anglomanes, cette disette désespérante, au moyen de laquelle on comptoit conduire un peuple affamé à demander un roi.

En récompense du long jeûne qu'il avoit éprouvé, le peuple de Paris le renomma député, et son nom étoit le premier dans les listes qui furent envoyées dans les départemens. Quand je dis le peuple de Paris, je veux parler de ces sections qui semblent d'accord avec le cabinet de St.-James, tant elles sont opposées au génie de cette liberté qui enfanta tant de prodiges.

A ce Boissy-d'Anglas étoit lié cet exécrable Aubry, le plus lâche, le plus mince des hommes, et qui se croyoit déjà un second Monk, mais qui sans talent, sans esprit, n'ayant pas même l'audace momentanée du conspirateur, obtint cependant une terrible influence après les journées de Prairial. Il destitua Bonaparte.

Il fut le fléau des armées françaises; il congédia avec une froide insolence presque tous les braves officiers républicains qu'il remplaça par des chevaliers du poignard, par des gardes du corps et autres gens dévoués à la cause de la royauté.

Jamais la République ne fut plus en danger que lors des opérations de cet artificieux et froid scélérat, qui enchaîna la valeur de nos troupes, et il étoit tems que le 18 Fructidor frappât tous ces Clichiens qui alloient tous, sous l'infâme Carnot, trahir et ensanglanter la patrie.

Il faut dire encore que Boissy-d'Anglas et Aubry étoient parmi les folliculaires royaux, les plus plats et les plus mauvais écrivassiers de leur espèce.

Chapitre CXXV.

Traité comme un chien.

Expression qui circuloit dans la société, aux premières années de la révolution, et dont voici l'origine.

Sous l'ancien régime, les pensions sur le trésor qu'on appeloit *royal*, montoient à plus de cent millions. Observez que celles accordées aux anciens sujets de l'Académie *royale* de musique s'élevoient à plus de deux cent soixante-dix-huit mille livres; observez, qu'on en donnoit une de six mille livres au coiffeur de *Mademoiselle d'Artois*, qui, morte avant trois ans, n'avoit point de cheveux; mais observez aussi, que le gouvernement devenoit économe dans certaines circonstances. Par exemple, le brave *Aude*, qui avoit fait prisonnier le général *Ligonier* à la bataille de *Laufeld*, et qui avoit contribué à la victoire; hé bien! le trésor *royal* lui accorde une pension de deux cents livres. Par économie cependant, on a eu soin, au moyen des retenus, de la réduire à cent quatre-vingt-huit livres trois sols, qu'on a enfin totalement oublié de lui payer. Voici un trait, soit dit en passant, qui prouve que, sous l'ancien régime, nos braves soldats étoient traités avec beaucoup moins d'humanité que les chiens de sa majesté. Prenez le compte rendu en 1788, par le calotin *de Brienne*, et vous y lirez: „*Pour la nourriture des chiens de sa majesté, à raison de huit sols, six deniers par jour, pour chaque chien: quarante mille livres. Pour la remonte desdits chiens, par an: dix mille livres.*“ Or la paye du soldat montoit, tout au plus, à six sols par jour ; donc les chiens de sa majesté étoient mieux traités que les soldats qui versoient leur sang pour défendre, ce qu'elle appeloit *ses droits*. Il n'y a pas un militaire qui n'ait pu dire qu'il voudroit bien *être traité comme un chien*.

Chapitre CXXVI.

Muscadins.

Espèce d'hommes occupés d'une parure élégante ou ridicule, qu'un coup de tambour métamorphose en femmes. „Le fils du Czar *Pierre I*, s'est brûlé les doigts,“ dit un de nos écrivains, „pour n'être point forcé au travail que son pere exigeoit de lui.“ Nous avons vu un *Muscadin* se résoudre à se faire couper l'index, pour éviter de porter les armes contre l'ennemi. Il auroit dû le conserver pour manier l'aiguille ou la quenouille.

Ils formèrent l'opposé des sales Jacobins.

On auroit cru qu'une jeunesse ardente alloit embrasser les principes républicains;

IV.   D

mais cette jeunesse étoit riche, efféminée, et voulut se distinguer par-tout de ceux qu'elle appeloit les *habits bleus*. Les muscadins furent moqués, rossés, battus, quand ils voulurent avec *leurs oreilles de chiens* et leurs *cadenettes* narguer les républicains. S'ils étoient les plus forts c'étoit bien rarement ; et quand ils se trouvoient quatre contre un.

Ils font les royalistes à bas bruit ; mais les émigrés les méprisent encore plus qu'ils détestent les patriotes.

Chapitre CXXVII.

Esprit public.

Rien n'est plus plaisant que tous les efforts des écrivains pour bien déterminer *l'esprit public*. Chacun vouloit l'asseoir dans sa cotterie ou dans son journal. L'un tomboit dans le parti de l'opposition sans le savoir, l'autre servoit le gouvernement par ses paroles inconsidérées et sans le vouloir.

Il étoit impossible qu'il y eût un esprit public dans ces grandes commotions; ou du moins qu'on sût bien déterminer où il étoit. Ce qui compose la portion sensée et tranquille, ne le disoit peut-être pas, mais raisonnoit ainsi:

Prenons patience par esprit de raison et de calcul ; le pire ne seroit pas d'être mal gouverné, mais bien de ne pas l'être. Le mot *esprit public* a donc eu à Paris et ailleurs des acceptions très-différentes. Les observateurs mettoient, pour ainsi dire, les doigts sur le thermomètre en le consultant, et ils prenoient pour la température de l'air la chaleur plus ou moins grande de leurs mains. Dix qui parlent, font plus de bruit que dix mille qui se taisent ; mais le bruit passe.

Tâter le poulx à l'esprit public, exige un tact bien fin. Il faut bien distinguer si le mouvement est en proportion avec le bruit ; et rabattre ensuite du calcul tout ce qui est dû à l'entraînement, à l'exemple.

Il se forma un bureau de l'esprit public ; il ramassoit dans les cafés et dans les spectacles tout ce qui s'y disoit ; mais le lendemain c'étoit une autre version ; car ce qu'on appelle *esprit d'opposition* est inné chez les Parisiens. L'un crie au

feu pour l'éteindre, l'autre pour piller la
maison.   Ce n'est pas l'esprit public qui
règne à Paris, c'est l'esprit de critique.
Chez le peuple des salons, la première
affaire, celle de tous les jours c'est de
s'amuser.   Rien de moins amusant que
la louange. La satyre est bien meilleure
pour passer gaîment une heure ou deux;
elle trempe ses petites flèches dans tous
les acides; plaisante dans les cercles,
mordante dans les cafés, boudeuse dans
les cotteries, grondeuse aux comptoirs,
criarde à la Halle, rieuse ou plaignante
par-tout; mais par-tout ayant pour base
cet esprit de contradiction qui éloigne
nécessairement cet intérêt commun qui
prend sa part de l'intérêt de tous.

La révolution a été souvent un spectacle, où Paris étoit partagé en deux
classes, l'une qui agit, l'autre qui reste
aux galeries, pour juger, comme au
Cirque, de l'adresse et de la force des
lutteurs.

D 3

De-là ces incrédules qu'on ne vit jamais accueillir les nouvelles de nos victoires ; de-là ces déclamateurs d'habitude qui ne cessent de s'opposer à tout ce que veulent les sages.

Chapitre CXXVIII.

Nationcule.

La ville de Genève forme une république et, pour ainsi dire, un état séparé; c'est un point à peine sensible. Cependant cette nationcule, la plus contentieuse de l'Europe, a jeté par-tout une foule d'individus qui ont agité les pays où ils ont été reçus et employés.

La liberté publique doit beaucoup à Mr. Neker. C'est le comble de l'injustice que de ne pas le séparer entièrement des ennemis des principes républicains.' Ce qu'on peut lui reprocher, c'est ce que presque tout le monde fit alors; c'est d'avoir essayé de concilier certains principes avec ceux de la liberté. Il eut ensuite un trop grand éclat, un trop beau jour, lorsque tout le peuple de Paris se prosterna, pour ainsi dire, devant lui comme devant un protecteur; il est de l'essence du gouvernement républicain de ne pas croire avoir été sauvé par *Thémistocle* ou *Scipion*, mais bien par la nation elle-même qui porte dans son sein des principes de liberté inextinguibles. On a toujours pensé que Mr. Neker avoit voulu monarchiser la République, et cette inculpation a fait oublier tous les services anciens qu'il a rendus à la patrie et sous plus d'un rapport.

Quand on songe que Rousseau sorti aussi de la ville de Genève, vivant, eût été conduit à la Guillotine, et qu'après sa mort on en a fait un Saint politique, il faut rentrer en soi-même pour bien apprécier les éloges et les injures des hommes, et juger à quoi tout cela tient.

Clavière, autre homme éclairé, s'est donné la mort pour prévenir le supplice, et conserver à sa famille une fortune qui échappa par ce moyen à la confiscation.

L'Helvétien qui descend de ses montagnes, pour aller vendre ses services et son sang aux despotes qui le payent le plus cher, n'est pas digne du titre de républicain, encore moins le banquier calculateur qui entasse l'or dans ses tonnes, et qui ne vient à Paris que pour cela.

Chapitre CXXIX.

Vins frelatés.

Paris, dont la superficie contient, entre ses remparts seulement, trois millions, soixante-treize mille quatre-vingt-dix toises carrées, et dont la population s'élève au moins à sept cent mille ames, consomme annuellement quatre cent cinquante mille muids *) de vin, non compris l'eau-de-vie, la bierre et le cidre.

Ainsi donc, que les vignes de la Bourgogne, de la Champagne, du Languedoc et du Roussillon soient ou non

---

*) Le muid contient 300 pintes.

battues de la grêle, il n'importe : il faut
que la mesure soit la même ; et suivant
le principe des laitières, on sait le secret
d'en faire toujours assez pour tout le
monde.

Le plus indigne de tous les apprentis-
sages est celui qui se fait chez le fabricant
de vins : sa cave est une école pratique
de friponneries et d'astuces de toutes les
couleurs : c'est un laboratoire pour le
moins aussi redoutable que celui du
charlatan.

C'est-là qu'un apprentif libertin se
forme dans l'art de préparer et de dis-
tiler les poisons ; de composer avec les
bois de Fernambouc, de Campêche, d'Inde ;
avec les betteraves, les carottes, les navets
et la litarge, une teinture que son maître
lui fait mettre en bouteilles et cacheter
sous le noms pompeux *de Tonnerre, de
Bourgogne, de Champagne, d'Alicante,
de Madère et de Chypre.*

Le tableau de ces vins fins et étrangers, vrai chef-d'œuvre de sa compo-

sition, figure, en lettres d'or majuscules, parmi les grappes noires de la vigne de fer qui se courbe en berceau au-dessus de la porte d'entrée de sa taverne. C'est le vocabulaire unique des fameux gourmets du quartier.

On a dit avec autant de finesse que de sens, *que la vérité est au fond de la bouteille* qui contient heureusement le vrai jus du Dieu de la joie. Il y a aussi une vérité dans la pinte du fraudeur; elle est terrible: C'est la mort! oui, la mort qui, comme un ver rongeur, s'enferme dans sa proie, et la corrode lentement.

La douce et tranquille hilarité n'épanouit pas le front du laborieux artisan condamné à faire usage de cette traîtresse liqueur. Une tristesse noire assombrit au contraire son visage, tandis qu'il la boit sans défiance. Bientôt le poison pénètre dans ses veines comme un serpent de feu, et le met en fureur. Les excès qu'il commet dans son fougueux déliré, n'accusent que la perfidie du cabarretier.

Ce n'est pas de son vin lui, qu'il a soif, c'est de votre or. Il ne vous fera pas grace d'un denier. Il tinte votre argent; il y passe et repasse le pouce. Trompeur et fripon par principes, il ne reçoit que la monnoie de bon aloi, et ne vous rend bien souvent que des pièces fausses ou adultérées.

Voyez-le, une main sur la clef de son comptoir en tombeau, et l'autre sur le broc intarissable ; sa tête est mobile comme celle d'un renard aux aguets. Il accueille d'un sourire coquin la foule qui entre. „A quel prix, MM.?“ leur dit-il d'abord: „Est-ce à vingt-cinq ou à 50 sols?“ Son œil attentif examine et distingue tous ses buveurs à la fois.

Plus malin encore que le filou, il sait le mettre en défaut, en numérotant à la craie sur son ardoise, le nombre de bouteilles qu'il se dépêche de vider à la dérobée, avec ses turbulens compagnons.

Il y a trois espèces de vin pour les trois principales parties du jour. Le vin du matin est altérant : c'est le plus cher *). Le cabarretier mélangeur sait bien que le matin est l'heure des peintres en bâtimens, des menuisiers, des maîtres-maçons, et des serruriers. La toise à la main, ils escaladent l'escalier chancelant de sa ténébreuse soupente, qui n'offre souvent aux yeux pour toute peinture, que les attributs du Dieu de Lampsaque dessinés au charbon.

Les bouteilles donc se vident rapidement, et la dernière venue est toujours la plus petite : car la pinte se réduit à quelques lignes de plus qu'une chopine

---

*) Le prix du vin est scandaleux. Un ouvrier paye la mesure d'un gobelet la valeur de sa journée : trop heureux encore, quand il n'est pas réduit à boire celui qui se débite aux cochers de fiacre, au peuple des ruelles, de la Grève, ou aux mendians vagabonds du faubourg St.-Marceau.

dans ces bouteilles, qui toutes semblent choisies pour résoudre le problème de la divisibilité de la matière à l'infini.

Le vin de midi est alongé avec de l'eau de rivière en quantité suffisante, parce que celui du matin a ferré le gosier.

Celui du soir est spiritueux, aiguisé avec de l'eau-de-vie, ou de l'esprit de vin, et quelquefois travaillé avec du chat mort, pour lui donner de la pointe. C'est la classe moyenne qui en boit pour se récomforter après le travail forcé de la journée; et comme il brûle plutôt qu'il ne réchauffe l'estomac, elle le vante partout; et c'est sur cette erreur de goût que plus d'un cabarretier fonde sa renommée.

Que je plains l'homme de peine qui, courbé sous le fardeau, et les membres ruissellant de sueur, s'arrête à la porte de ce sacrilége profanateur, pour demander un pauvre demi-septier! quand il approche de ses lèvres le terrible rouge - bord, je crois voir un homme prêt à avaler la ciguë *).

Il ne suffit pas de connoître la superficie de cette ville immense. Les caves des cabarrets occupent les trois quarts de sa topographie souterraine. C'est dans leurs tortuosités qu'il faudroit pénétrer pour surprendre le fabricateur au milieu de tous ses ingrédiens.

Vainement rétablira - t - on les droits d'entrée : il défiera les plus subtils observateurs. Son vin, de même que l'eau d'Arcueil, arrivera dans Paris par des canaux invisibles.

C'est l'àpreté du gain encore plus que l'insuffisance des lois, qui inspire tant d'intrépidité à tous ceux de sa trempe, lesquels possédant le même secret, fabriquent par-tout le même vin, bravent la

---

*) Les marchands de vin de nouvelle date ne mixtionnent pas encore leurs boissons, parce qu'ils ne sont pas initiés dans le secret des anciens.

sentence du *pèse-liqueur*, et l'épreuve du chymiste *).

---

*) On travaille aussi le vin sur les ports. Le naturel, l'excellent vin est destiné seulement pour le riche. Mais qu'un mince bourgeois, un Tailleur, par exemple, se présente pour acheter une feuillette; eh bien! le marchand qui l'aura reconnu à son allure et à ses jambes courbées, lui vendra du vin de Surène pour du vin de Mâcon. On diroit qu'il règle le plaisir de la bouche selon l'état ou la condition des individus; il juge que ce n'est pas du nectar, mais du verjus, qu'il faut au bonnâce plébéien pour réveiller son palais émoussé.

IV.   E

Chapitre CXXX.

Bossuet.

Ce fut pour son disciple, que Bossuet composa son discours sur *l'Histoire universelle*, où, d'un coup - d'œil, sont jugés les conquérans, les rois et les nations, les crimes et les vertus, où il trace d'un pinceau énergique et rapide, le tems qui dévore et engloutit tout, la main de Dieu sur les grandeurs humaines, et les royaumes qui *meurent* comme leurs maîtres.

Cette superbe expression, les rois et les prêtres l'avoient entendue; et lorsque l'instant fut arrivé, où les grandes vérités évangéliques s'accomplissoient, les prêtres et les rois ne voulurent plus les

comprendre ni les entendre : ils n'a-
voient donc pris que pour des phrases
retentissantes, et pour une rhétorique
oiseuse, tout ce qui se disoit dans la
chaire, sur la suprème volonté du Créateur qui brise les trônes et dispose des
empires.

*Les royaumes qui meurent comme
leurs maîtres!* Oh! couronnés! souvenez-
vous tous de l'expression de Bossuet.

Chapitre CXXXI.

Nouveaux atteliers.

La fille de Lepelletier - St. - Fargeau, en se mariant avec un très - riche Hollandois, reçut en présent de nôces, devinez . . . . *douze perruques!*

Ces perruques sont toujours sans poudre; il est telle femme qui commande une perruque aussi souvent que des souliers, et qui en compte jusqu'à quarante dans sa garde - robe.

Pourquoi toutes ces perruques? C'est que par elles l'on change chaque jour de physionomie; c'est que l'on ne dépend plus d'un rare coîffeur, c'est que l'on offre à son amant un visage toujours nouveau, et qu'on lui cause quelquefois d'agréables surprises. On lui connoît, ou on lui soupçonne une maîtresse : vîte; l'on prend sa chevelure!

La calvitie est ce qui dépare le plus une femme; elle doit en éviter soigneusement jusqu'à la moindre apparence.

Il y a donc maintenant des atteliers de perruques-de-femmes; ils ont presque l'élégance des boudoirs; un grain de poudre n'oseroit s'y montrer; vous y trouvez un assortiment complet de toutes les perruques de toutes les nuances, de toutes les formes, de toutes les dimensions, de toutes les longueurs.

Le perruquier au centre de ses glorieuses tignasses, serre artistement du bout du doigt la pointe d'une papillotte; il ne permet pas à un cheveu indocile de s'écarter, il est aussi propre que ses autres confrères sont sales. On ne diroit pas qu'il *fait* des perruques mais plutôt qu'il les *peint*. Quelquefois il prend un violon; chante ses amours, et toutes les perruques qui l'environnent frémissent légèrement, et semblent applaudir à son goût et à la légèreté de sa main.

C'est par la facile et rapide métamorphose des cheveux, que Paris devient une galerie de peintures qui se renouvellent à chaque instant au gré des curieux, et qui offrent dans tous les genres l'assemblage des têtes les plus rares et les plus originales.

Orphise change trois fois d'aspect en un jour. Le matin c'est une Nymphe transparente dans sa robe de linon. Sa perruque a la forme conique d'une ruche: elle va déjeûner à la campagne; c'est-à-dire, à Passy.

A trois heures elle brille de mille attraits; son shall voltigeant, et de couleur rouge, la fait prendre pour un papillon aux aîles purpurines; sa perruque à la *Bérénice* fixe tous les regards.

Le soir quand le soleil est disparu, c'est *Diane* en robe retroussée qui marche à grands pas. Un croissant de diamans

s'échappe du milieu de ces cheveux
étrangers et parfaitement noirs, qu'un
simple ruban assujettit en toque derrière
la tête; elle cherche à l'Opéra les regards
d'un ambassadeur, d'un ministre, ou
ceux d'un Grec ou d'un Turc: on dit
presque tout haut en la voyant passer;
qu'elle *chasse la grosse bête.*

J'entends de loin un cabriolet qui
roule avec le fracas du tonnerre; déjà le
coursier aussi rapide que le desir impétueux qui le gouverne, m'humecte les
épaules de son souffle. On hurle: *garre!*
je me retourne; je vois dans le Phaëton
une Déesse coîffée *en anneau de Saturne.*

Les femmes roulant le cabriolet sont
à moitié hommes; le fouet en main, elles
en affectent le maintien, la démarche
et la voix; mais c'est toujours la couleur
de la perruque qui en règle le ton.

Un tel être aime le spectale où l'on
voit du merveilleux. Il y court, il en
est avide; il lui faut du bruit, du fracas,
des chevaux qui caracollent sur la scène,

et qui quelquefois interrogent du pied
la corde sensible de la contre-basse.

Il lui faut, comme au petit peuple,
des démons plus terribles que ceux des
tentations de St.-Antoine, et qui enlèvent
dans les airs avec leurs mains crochues
ou un moine, ou un capucin, ou un
procureur.

Il lui faut des spectres, des cachots
lugubres, la none sanglante, ou le car-
naval du sérail.

Enfin il lui faut des siéges de ville en
règle, des assauts, des canons, des co-
mètes qui tombent du ciel au milieu
d'une pluie de feu, des sons éclatans
des trompettes, ou du roulement des
tambours.

Chapitre CXXXII.

Lanterner.

Ce mot signifioit autrefois perdre son tems à ne rien faire, ou à faire des riens: au commencement de la révolution, il signifioit: *pendre un homme à une lanterne.*

Guillotiner et *Guillotine* ont pris un tel ascendant, que ces mots ont totalement effacé ceux de *lanterne* et *lanterner.*

CHAPITRE CXXXIII.

Noms - diamantés.

Je le soutiens: les noms d'Aristide, de Platon, de Socrate, de Corneille, de Voltaire, de tous les grands hommes présens et passés sont moins illustres, moins brillans que ceux des bijoutiers; comment cela, me direz-vous? c'est que les noms de ceux-ci sont écrits en lettres de diamans au fond de leur boutique, et éblouissent la vue lorsqu'on veut les lire; ils effacent donc tous les noms connus par leur éclat nom pareil: c'est une signature que le Grand Mogol seul pourroit tracer. Pauvres professeurs! qui enseignez la morale et les belles lettres, vos noms en petites lettres noires, sont au coin d'une rue au-dessus d'une borne. Le nom de ce bijoutier resplendit de mille feux; il étincelle comme le soleil, il est à vendre, mais il est cher, bien plus cher que celui de Poultier, représentant du peuple, quand il le met pour de l'argent à la tête de son incivil journal. Les bijoutiers par l'éclat de leurs noms fixent tous les regards: on peut donc dire d'eux qu'ils se sont fait un nom brillant, même éclatant, sur leurs enseignes soit au Palais-Royal, soit dans la rue St.-Honoré, et qu'aucun nom de l'Institut national ne sauroit entrer en parallèle avec le leur.

Chapitre CXXXIV.

Armoiries.

Le décret le plus décisif pour les démocrates et le plus mortel pour les aristocrates qui ait jamais été rendu, est celui du 19 Juin 1790. „Aucun „citoyen français ne pourra porter, ni „faire porter des livrées, ni avoir des „*armoiries.*"

Dans ces jours de désolation, la noblesse voile les inscriptions et les écussons des hôtels d'une espèce de chemise de plâtre, comme les calotins couvrent le visage des saints et des madonnes, dans le deuil de la semaine sainte. La noblesse espéra que la révolution ne dureroit pas plus que cette légère enveloppe. Ils firent comme le sculpteur, qui montroit le nom du prince sur un ciment adroitement appliqué sous lequel étoit gravé le nom de l'artiste que le tems devoit découvrir à la postérité. Ils espérèrent que le tems feroit reparoître leurs écussons, et viendroit glorifier leur race. On remarqua beaucoup de voitures, où l'on avoit mis sur les panneaux un brouillard épais, comme pour donner à entendre, que ce gros tems qui empêchoit de se reconnoître, passeroit. Un de nos aristocrates, de peur que le peuple ne saisît pas l'allégorie, mit pour devise: *Ce nuage n'est qu'un passage.*

Ce fut le petit nombre des ci-devant nobles qui se bercèrent de ces songes. Mais la plupart ne s'abusent plus; à l'exception de M. *Capet-Condé*, en qui semble avoir émigré l'ame de M. l'abbé *Trente mille hommes*, et qui ne cessoit de dire comme lui: *Donnez-moi trente mille hommes; faites-moi un noyau de trente mille hommes*, tous les autres regardent leur noblesse comme enterrée; et *l'égalité* établie par la déclaration des droits, leur fait souffrir le supplice anticipé de la vallée de Josaphat.

Il est très-vrai qu'une vieille comtesse est morte de rage, à la lecture du décret. Elle n'a pas expiré au moment même, comme on l'a dit, mais une demi-heure après. Le décret a mis la peste dans les hôtels, et a valu une peste réelle pour les médecins *).

C'est sur-tout la plus belle moitié de la gent aristocrate qui est attaquée de cette peste dont les malades expirent dans des étouffemens extraordinaires, comme d'une *aristocratie rentrée*. D'autres s'é-

---

*) Il étoit tems : les médecins commençoient à se plaindre de la diminution de leurs pratiques : une dame disoit dernièrement à l'un d'entr'eux :.. *Il me paroît, monsieur le docteur, qu'il n'y a plus beaucoup de malades.* — Eh! *Madame*, lui répondit-il, *comment voulez-vous qu'il y en ait? on a mis tout le monde au régime.*

teignent insensiblement et dans les langueurs de la consomption. Ce spléen aristocratique mine également la duchesse septuagénaire , et la maréchale édentée, et la jeune vicomtesse, qui se flattoit, lorsqu'elle n'auroit plus ses couleurs du couvent, de se séparer encore de l'ordre des vilains, avec le privilége du rouge. Elle se désole de n'avoir plus sa livrée. Elle dit, comme dans *l'enfant prodigue :*

> *Votre écusson, vos gens, votre livrée,*
> *Tout retraçoit une image adorée.*

Mais d'autres se consolent puisqu'on leur avoit laissé leurs laquais. Soit dit à l'honneur des dames de la cour, en général, personne ne méprisoit moins le tiers : on dit qu'elles avoient mis en fait la réunion des ordres, bien avant que *Siéyès* l'eût mise en thèse.

Chapitre CXXXV.

Point de vue.

On se figure de loin Paris peuplé de républicains sensibles à la gloire nationale, orgueilleux de posséder le gouvernement qui conquiert des provinces immenses, change le système de l'Europe, fonde des républiques; on croit à son enthousiasme quand il faut célébrer le 9 Thermidor; on s'imagine qu'il s'entretient avec joie ou avec orgueil des journées d'Arcole ou de Lodi; on croiroit que le 31 Mai seroit pour lui un jour de deuil; point du tout! En général le boutiquier, l'homme de loi, toute la tourbe qui tient la plume juridictionnelle, n'attache ni sa gloire, ni son amour, ni son souvenir à aucune époque. Douze cents républicains figurent pour cette ville immense, mais braves, généreux, amans de la patrie; ils feroient seuls avec le gouvernement et la bonne force armée, reculer tous les esclaves des rois, et des plus imbécilles préjugés.

Vomir des injures contre le corps législatif, calomnier ses membres, affecter du mépris pour tout ce qui s'est fait, et le faire sans choix, sans discernement, attribuer la démoralisation publique à ce qui ne fut que l'ouvrage des ennemis de la révolution, voilà ce qu'on entend de toutes parts, voilà ce qui donne des nausées à l'homme instruit, voilà ce qui flétrit le cœur, et de sorte que le vrai républicain s'armant quelquefois d'un juste dédain, dit: „L'opinion de Paris est nulle en „politique. Il ne faut pas la compter, „et encore moins s'embarrasser de tout „ce qui s'y dit.“

IV.   F

Voilà l'anathême que lui ont attiré ce tas d'esprits pervers, ces ames affreuses, ces imbécilles instrumens qui vont répétant le catéchisme qu'ils ont appris de leurs prêtres, et qui apportant eux-mêmes la confusion et le chaos dans les mœurs et dans les institutions, parlent d'une tranquillité exclusive, et du bonheur qui leur est dû de préférence à tous les autres habitans de la République. Les lâches! on se bat pour eux, et à peine daignent-ils honorer nos soldats vainqueurs!

Chapitre CXXXVI.

Scène comique.

M. le curé de St. - Sulpice à Paris, avoit annoncé, depuis quelques jours, qu'il consacreroit son refus de prêter serment à la nation, par une scène éclatante. Cette fanfaronade, et le caractère bien connu de ce prêtre, ont exigé qu'on prît des mesures pour le maintien de l'ordre et la dignité du culte de cette église.

Des citoyens armés y ont été préposés à la tranquillité publique. Les fidèles remplissoient le temple. Le prêtre *du veau d'or* est monté en chaire; il a prêché sur *l'enfer*, afin de préparer les esprits par la terreur à ses conclusions anti-constitutionnelles. On rioit beaucoup de voir le calotin s'agiter comme un damné; et toute sa personne ne représentoit pas mal le prince des démons dans la tribune aux harangues des anges des ténèbres, que *Milton* nous a peint.

Quand la bouche de cet énergumène eut vomi des blasphêmes contre l'Assemblée nationale, un cri universel d'indignation fit retentir les voûtes du temple. L'hypocrite crut voir la couronne du martyre descendre sur sa têtě; il pâlit. — Il s'écria: *Seigneur! éloignez de moi ce calice!*

Cependant les cris qui se faisoient entendre, n'étoient point des menaces, mais seulement des cris *à l'ordre, à l'ordre.* La conscience coupable du calotin lui a fait entendre autre chose. Tout-à-coup l'orgue majestueux, remplit l'église de ses sons harmonieux, et fit retentir dans tous les cœurs l'air si fameux *Ah! ça ira! ça ira!*

L'indignation se changea en allégresse patriotique, et on invita le mo-
tionnaire de contre-révolution à chan-
ter *ça ira*. Il descendit de la chaire,
couvert de risées, de honte et de
sueur. — Sommé de faire son devoir,
en prêtant le serment civique, il refusa
hautement et se retira.

Alors un officier municipal monta
dans la chaire et dit aux citoyens:....
„Messieurs, la loi n'oblige point cet
„homme à prêter serment à la nation.—
„Par son refus, il a seulement encouru
„la destitution de l'emploi public qui
„lui étoit confié. Il ne sera bientôt
„plus notre pasteur, et vous serez ap-
„pelés à en nommer un autre qui soit
„plus digne de votre confiance."

Ce peu de mots prononcés au nom
de la loi, rappelèrent le respect qu'elle
commande pour le lieu saint, et le
calme le plus profond régna.

F 5

Chapitre CXXXVII.

À un petit esprit

ou

Argumentum ad hominem.

Toi qui es pâle d'envie et de jalousie, toi qui aspires toutes les places, même celles où tu serois le plus malheureux des hommes, ignores-tu que de tous les gouvernemens qu'ont essayés les peuples, le nôtre est celui qui accorde le plus à l'amour propre?

Qui que tu sois, il t'appelle, il appelle tous les âges, tous les états, sans exception, sans distinction. Il ne faut pas vieillir pour arriver au siége que tu convoites; il ne faut pas être né sénateur, pour le devenir; il ne faut pas désespérer en naissant d'atteindre au but que l'on se proposera, quel qu'il soit. Les portes du palais de l'autorité sont ouvertes à tous les amateurs. Ce pouvoir qui te fatigue, tu l'exerceras demain: cette broderie qui t'offusque, tu la porteras l'année prochaine; ou du moins celui à qui tu l'envies, déshabillé, ou vêtu comme toi, viendra s'asseoir près de toi sur les bancs du parterre, et te consoler de sa gloire du jour d'hier.

Si tu es un censeur, et même un censeur difficile, tu pourras lui demander raison de sa grandeur d'une année, tu pourras impunément le voir du haut de ta brillante voiture, passer à pied, et se ranger au bruit de tes chevaux; tu seras demain ce qu'il fut hier.

Les mêmes hommes, qui sous l'ancien régime n'auroient jamais pu parvenir à se faire recevoir conseillers au Châtelet, s'estiment au-dessus des places qui ne sont pas les premières; ils s'attribuent tous les talens pour gouverner: ce n'étoit point la peine de faire la révolution, s'ils n'ont pas les richesses, le crédit et le pouvoir. Voilà la logique de tous ces petits ambitieux qui appellent l'esprit public leur propre esprit, l'opinion publique leur propre opinion; et tout en se disant républicains, ils unissent leurs voix à celles des émigrés, des prêtres insermentés, des prêtres réfractaires, et comme en substance le mal est fait dès qu'on en a parlé, de même on a fait le mal dès qu'on a été perturbateur.

Chapitre CXXXVIII.

Trictrac.

Les mots techniques de ce jeu sont devenus des expressions vraiment neuves, par le sens national qu'on y attache. La petite pièce suivante parut à la fin de 1789. —

Le roi *fait une école à chaque coup.*
La reine *a toujours le dez contraire.*
Les princes *ont trop hazardé.*
La noblesse *a pris le coin bourgeois.*
Le clergé *fait la pille de misère.*
Le tiers *a pris son coin par puissance.*
Le duc d'Orléans *a découvert son jeu.*
L'Assemblée nationale *a mis tout à bas.*
Lafayette *bat souvent les deux coins.*

Les Laroche-Foucault *sont en petite bre-*
    douille.

L'évêque d'Autun *a fait la caze du diable.*

Necker *a fait une mauvaise tenue.*

Le comte de Mirabeau *fait son plein.*

Les parlemens *ont joué trop serré.*

L'armée et la marine *sont en grande bre-*
    douille.

Les milices nationales *ont le papillon.*

Chapitre CXXXIX.

Orchestres de Café.

Jadis il n'y avoit que les rois et les princes du sang qui jouissoient du singulier privilége de dîner en musique. Aujourd'hui tous les citoyens indistinctement sont princes et rois. Ils dînent en symphonie avec flûtes, cors et hautbois obligés. La musette même joue dans la gargotte enfumée du Limousin, tandis qu'il avale son brouet.

Mais c'est sur-tout dans les souterrains du Palais-Égalité que l'Académie des Quinze-Vingts attire la foule.

Douze ou quinze virtuoses de la même force, hissés sur un Parnasse de sapin, vous déchirent sans relâche les oreilles, et sourient malignement de votre martyre, parce que leur tympan est à l'épreuve de la trompette.

Ce n'est pas tout: souvent une Diane échevelée, à la gorge rebondie, embouche le cor, et joue tout un *presto*, sans reprendre haleine.

Pour completter cette douce mélodie, un porte-faix frappe et fouette à tour de bras un énorme tambour dont le sourd bourdonnement ébranle et secoue toutes les têtes.

A chaque instant le directeur de cet épouvantable sabat, s'évertue et des pieds et des mains, pour remettre en mesure ses Muses indociles. Elles ne connoissent d'autre accord que le tintement des verres ou celui des bouteilles qu'elles cassent dans l'agitation de l'ivresse. L'eau-de-vie coule en guise d'Hippocrène au bas de leur Parnasse.

Vous y distinguez à son air important, plus d'un Marsyas qui défieroit

Apollon, et qui dans son orgueilleux délire, soutiendroit jusqu'au bout le supplice de l'écorchement.

Oui, ces modernes Corybantes qui font braire si rudement leurs aigres cymbales, ont la plus haute conscience de leur talent, et quiconque n'applaudit pas au sifflement du flûteur ivre qui bave dans sa flûte, ou à tel chanteur à la voix de corbeau, risque d'être provoqué, insulté, honni.

Ce sont les Cafés qui ont amené la mode des concerts d'harmonie, et qui ont fait de la musique le métier de tout le monde.

Eh! n'a-t-on pas vu encore sur les vieux boulevards dans ce Café si fréquenté par le peuple, un *cabinet poëtique* placé sous l'orchestre même; ensorte que le Dieu des vers caché dans ce sanctuaire du génie, communiquoit sa verve pétulante à ses implacables opérateurs, et donnoit le transport à ses Pythonisses?

Enfin l'entreprenneur de limonade, fier de son orchestre, pousse la hardiesse jusqu'à dresser un théâtre en plein Café. On y joua la tragédie et l'opéra bouffon. Si l'on rioit autant à l'une qu'à l'autre ; c'est que les spectateurs qui buvoient le petit verre dans les entre-actes ne savoient pas pleurer.

———

Chapitre CXL.

Consommation du papier.

Si la consommation du papier étonhoit les têtes pensantes sous l'ancien régime, celle qui se fait sous le nouveau doit les étonner bien davantage.

La liberté de la presse, première pensée des créateurs de la révolution, a mis la plume à la main à presque chacun des individus dont se compose la République.

A dater de l'époque où la première étincelle de la liberté apparut aux Français, une légion d'hommes oisifs, d'artistes délaissés, d'avocats sans cause, de demi-savans, de faux philosophes, de prêtres sans bénéfices, de médecins ignorans barbouilla impunément du papier, et mêla aux justes doléances des Français ses écrits imprudens, séditieux et destructeurs de la morale.

La proclamation des droits de l'homme, en multipliant à l'infini les chicanes sur les droits respectifs des citoyens, a engendré le droit de pétition; ensuite a paru la constitution de 1791, qui a fait reblanchir l'édifice de l'état penchant vers sa ruine, et en diminua les fondemens.

De toutes parts il arriva des plans; on ne sut plus où trouver de place et de cartons pour serrer ces énormes tas de papiers.

La vente des biens du clergé, l'abolition de la noblesse et des droits féodaux, l'émigration des riches et des nobles, l'arrivée du roi à Paris; toutes ces causes transformèrent les hôtels de cette capitale en bureaux. Chaque jour vit éclorre de nouvelles conspirations; chaque jour on arrêta des conspirateurs

vrais ou faux, et des millions de rames
de papier furent employés à l'impression
d'actes d'accusation.

Les imprimeurs et les libraires se multipliant à l'infini, par l'abolition des ju-
randes et maîtrises, les dénonciations,
les libelles diffamatoires devinrent à la
mode, et c'est par l'impression impunie
de la liste des cocus de Paris, que la
licence de la presse s'est manifestée.

Le mal que produisit le papier dans
les différentes phases de la révolution, est
tel qu'on pourroit souhaiter qu'il n'eût
jamais été inventé.

En effet, n'a-t-il pas secondé les
efforts de la malveillance et de la calom-
nie? Il fut le premier confident des complots tramés contre la sureté des citoyens;
et c'est par lui que s'exécutèrent les premiers plans des guerres civiles.

Des millions d'affiches bleues, vio-
lettes, jaunes et rouges, affichées à
chaque heure du jour devenoient autant
de tribunes publiques qui attiroient des

IV.   G

flots de peuple autour d'elles; les murs parloient, conseilloient le meurtre et le pillage, et jamais prédicateurs ne furent ni plus avidement écoutés, ni plus ponctuellement obéis.

L'institution des différens clubs eut aussi ses différens comités, et ces comités furent les arsenaux où se fabriquèrent pour les habitans de chaque département des adresses et des pétitions, par lesquelles les conducteurs de factions régentoient les représentans des Français, extorquoient des décrets ou faisoient rendre des lois à leur gré. Quelle ame puissante que le papier!

La terreur naquit du bouillonnement de fureurs politiques; elle enfanta les tribunaux civils, criminels et révolutionnaires; et l'on vit à chaque pas, des sentences de mort de six pieds de longueur, couvrir les murailles, et pendre commes des épées menaçante, sur les têtes.

Des essaims de colporteurs crièrent à pleine tête dans les rues les journaux mortifères des écrivains stipendiés, et les postes pour les transporter dans toute la France offrirent l'image du mouvement perpétuel.

Le papier rendit les méchans présens par-tout pour exécuter leurs complots : le maximum, les cartes de citoyens, celles de pain, de viande, les passe-ports, seront des monumens long-tems remarquables de l'invention du plus affreux despotisme sous le règne de la liberté.

Toutefois, la création de plus de trente mille lois imprimées, publiées, affichées, envoyées par monceaux dans chaque ville de France, ne paroît point avoir diminué la matière du papier ; les quarante milliards de papier-monnoie mis en émission, n'ont pas même pu l'épuiser.

Et combien depuis la nouvelle constitution n'en faut-il pas pour la confection des feuilles d'imprimés des bureaux du Directoire, des deux conseils, des sept ministres, des administrations départementales, en un mot de toutes les autoriiés constituées?

Un Indien récemment venu à Paris, et que ses affaires appeloient auprès d'un ministre, frappé de ces pyramides de circulaires qui surchargeoient les bureaux, n'hésita point d'affirmer, qu'on usoit en un jour dans un seul secrétariat-général, plus de papier, qu'il ne s'en consommoit en un an, dans tout son pays.

Et que n'eût-il pas dit s'il avoit su, ce que pas un commis n'ignore, l'indigne usage qui se fait de plus de la moitié du papier blanc, dont l'achât coûte tant de millions par an au gouvernement?

Les charlatans qui, à l'envi l'un de l'autre, distribuent et affichent leurs recettes, nous donnent le vrai secret de bien employer le papier; c'est sur une très-petite quantité donnée, de dire beaucoup en peu de mots, et de remplir la page et le revers, sans laisser même de marge.

Où est l'homme de génie qui paroîtra tout-à-coup, pour simplifier le rouage de la grande machine politique; qui établira un centre unique de correspondance, sans passer par tant d'intermédiaires? Il aura trouvé un beau plan d'économie; car ce que le gouvernement paye de trop pour le papier de ses bureaux, suffiroit à l'entretien des hôpitaux.

Néanmoins il est vrai de dire que l'argent peut beaucoup pour guérir les gouvernans et les gouvernés de la manie d'écrire: qu'il paye bien, le service marchera de lui-même sans entrave; il faudra la moitié moins de bras et de papier.

Quant à celui qui s'employe pour la réimpression des romans inutiles ou dangereux : on ne peut que gémir de le voir consacré à un aussi criminel usage. Nous avons de si bons livres; qu'ils nous suffisent, qu'on nous apprenne à les lire.

On fabrique des fusées volantes avec des lois; que n'en fait-on plutôt avec les feuilles du roman de Justine?

CHAPITRE CXLI.

Théophilanthropes.

Il est donc renversé de son trône, le chef héréditaire de la hiérarchie spirituelle, dont le sceptre ou terrible, ou sanglant, courboit à son gré les têtes des crédules humains! Le pied adoré du Dieu octogénaire de Rome touche la terre qui doit le couvrir! La foudre est demeuré impuissante dans sa main, à l'aspect des vainqueurs de l'Italie.

Graces immortelles soient rendues à la philosophie! la raison triomphe. La superstition, la crédulité, et toutes les jongleries sacerdotales font place à la religion naturelle.

Sa voix persuasive commence à se faire entendre dans tous les cœurs. Bientôt cette religion pacifique, dont nous apportons au-dedans de nous le germe en naissant, sera la seule dominante. Telle est celle que professent et qu'enseignent les Théophilanthropes.

Les vrais amis de Dieu sont les vrais amis des hommes. Simples dans leur doctrine, comme les apôtres de Christ, humbles comme eux; comme eux, ennemis du faste et des grandeurs, les Théophilanthropes ne peuvent qu'inspirer la confiance aux esprits solides, entraîner les suffrages, et généraliser leurs prosélites.

Leur culte sans appareil est fondé sur la croyance à l'Être - suprême, sur le dogme de l'immortalité de l'ame, sur l'amour conjugal, le respect dû à la vieillesse, la piété envers les parens, et la bienfaisance.

Et ce culte s'établit sans disputes théologiques, sans dragonades, sans

effusion de sang; car les Théophilanthropes ne forcent personne de croire.
Le texte de leur évangile est la voûte du
firmament, et Dieu est la conclusion de
ce livre sublime qui ne peut être mis
qu'à l'*Index* de l'admiration.

Ils n'adorent aucune image taillée;
laissant volontiers aux prêtres catho-
liques le soin de rendre Dieu visible ou
invisible au gré de leur avarice.

Le tabernacle des Théophilanthropes,
c'est l'Univers dont le tableau déploye
aux regards louches de l'athée, les mer-
veilles ineffables de la création, et plonge
le croyant dans un perpétuel ravissement.

Les fleurs, les prémices des moissons,
les fruits que la terre épanche de son
sein, couvrent leur autel, et en font la
seule décoration. Ils les présentent à
l'Éternel, comme le gage de la reconnoissance des hommes. Ils lui offrent de
même le jeune enfant, paré des graces
de son âge et de son innocence. Ils ini-
tient celui qui vient de naître aux élémens

de la nature, et lui soufflent l'esprit créateur.

A la terreur de l'enfer, aux flammes du purgatoire, aux pantomimes de la messe, à l'oreille impudique des confesseurs, ils ont substitué le rudiment de la raison.

Ils distillent dans le cœur des enfans les leçons de la sagesse; ils persuadent aux femmes de chérir leurs époux; ils enseignent aux hommes à s'aimer entr'eux, et à se vouloir le même bien qu'à soi. Ils leur font envisager la mort comme le commencement de l'immortalité, et les pénètrent de respect et de reconnoissance pour les invincibles défenseurs de la patrie.

Sans recevoir ni vouloir d'argent, persuader aux hommes qu'ils ne font pas une bonne action qui ne soit récompensée, et qu'ils n'en commettent point une mauvaise qui ne soit punie; leur démontrer cette vérité par l'argument irrésistible de l'expérience journalière du bien et du mal qui nous arrivent; voilà certainement le triomphe complet de la philosophie, voilà la vraie religion!

Quand le petit peuple, sous la direction des factieux, profana les temples des prêtres, ce n'est pas Dieu qu'il crut insulter, mais les fripons qui, depuis tant de siècles, abusèrent de sa crédulité. Il s'enivra en buvant dans la coupe *de la raison de Robespierre;* mais le lendemain, il gémit de sa folie.

Aujourd'hui, ce même peuple ne manque pas d'assister au prêche des Théophilanthropes: il va se retremper et se régénérer dans leur saine morale. Moins dédaigneux que le mauvais riche qui ne trouve et ne voit Dieu que dans son coffre-fort, il vient apprendre à être juste et sensible.

La paix florissante donnera sans doute à cette institution plus de pompe et de solemnité. Alors une symphonie parfaite exécutera dans toute sa majesté, l'hymne au père de l'Univers. Déjà les

petits enfans le répètent en chœur , et
la jeune fille le chante en mariant sa voix
à celle de sa vertueuse mère.

Vètu d'une robe de lin, le lecteur Théo-
philanthrope dans la chaire de vérité, di-
rige ces chants d'allégresse.

L'innocence de l'esprit fit le succès
de la religion chrétienne. La raison assure pour jamais celui de la religion bien-
faisante des graves républicains.

Que les Théophilanthropes se préser-
vent constamment d'admettre dans leurs
temples aucune image matérielle; qu'ils
lient toutes leurs pensées à la grande
conception de Moyse qui défendoit toute
représentation des choses crées, à plus
forte raison de la divinité; qu'ils ne parlent de Dieu qu'avec la parole, et tous
les esprits sensés iront adorer avec eux.

Il est bon d'observer que les anciens
peuples n'étoient pas idolâtres ou ado-
rateurs d'images, de statues. Lucien
remarque que les anciens Egyptiens
n'avoient point de statues dans leurs

temples, suivant Eusèbe. Les Grecs n'en eurent point non plus, jusqu'à Cécrops qui le premier éleva une statue à Minerve ; et Plutarque assure que Numa défendit aux romains de représenter Dieu sous la forme d'un homme ou d'un animal ; et pendant 70 ans, on ne vit dans leurs temples ni statues ni peintures de la divinité.

Chapitre CXLII.

Mr. Pince - maille.

On a oublié dans la fabrication de notre petite monnoie Mr. *Pince - maille* d'heureuse mémoire; on a méprisé les oboles, les deniers, les liards, les pièces de deux liards. La dernière pièce de monnoie est d'un sol. Qu'en est-il résulté ? C'est que le plus chétif objet vaut aujourd'hui un sol; une allumette un sol, une pincée d'herbe un sol, et comme la rave vaut un sol, il n'y a peut-être pas assez de numéraire pour se procurer ces sortes de marchandises. Que diroit aujourd'hui Mr. *Pince - maille?* Il gémiroit de l'avilissement de sa chère monnoie, et il trouveroit cela très - impolitique, très - mal vu. Et au milieu des hautes spéculations financières, on n'a point vu que l'on alimentoit l'avidité mercantille, qui s'efforce d'avilir la monnoie de cuivre ?

Le plus pauvre n'est pas dispensé de faire l'aumône; mais celui qui n'a que dix - huit sols ne le peut plus, parce qu'il donneroit plus du vingtième de ce qu'il possède. Le mendiant se lamente et n'est plus écouté. Qu'est - ce qu'un sol, dit - on ? Ah! tout est composé d'infiniment petits !

Où est le tems, où levé à six heures du matin en hyver, le bras trop court pour embrasser mes dictionnaires latin et grec, je traversois le Pont - neuf ; et par supplément de déjeûner, j'achetois un petit pâté de deux liards, large comme une palette à saignée; en écolier prudent, je n'avois mangé ma semaine, composée de deux sols, que le vendredi matin. L'écolier *Pince - maille* m'avançoit et le vendredi et le samedi pour l'intérêt d'un pouce et demi de sucre d'orge; c'étoit un peu plus que le quart du petit bâton. . . . .

Il faut avoir plus de cinquante ans pour bien sentir le sublime du mot de St.-Albin dans le père de famille, lorsqu'apprenant de son père qu'il a quinze cents livres de rentes, il se croit assez riche pour avoir et nourrir femme et enfans. Ces joyaux de l'âge viril ont bien augmenté de prix.

Les regrattiers qui se disent commerçans, et qui s'écrient que le commerce ne va point, ne voudroient pas des Kreuzer d'Allemagne. Avec la petite monnoie, ont disparu tous les petits gâteaux, la joie de l'enfance et quelquefois aussi de l'adolescence; faute de petite monnoie, il n'y a plus de ces petites jouissances imprévues, de ces friandes tentations à la vue des fruits étalés; on ne peut plus en été acheter une poire, ni brûler sa poche de marrons en hiver.

Dans nos hautes spéculations financières, nous ne songeons pas aux *infiniment petits* qui régissent le monde entier; et les marchands de Paris qui ne sont ni manufacturiers ni négocians, mais regrattiers, trouveroient que tout iroit bien, si la moindre pièce étoit de cinq sols, et si chaque pruneau de Tours, qu'ils font venir, se vendoit par eux cinq sols.

IV.   H

Chapitre CXLIII.

Evénement à la plaine de Grenelle.

Un malheur n'arrive jamais sans l'autre.
L'incendie de l'Abbaye, et l'événement
terrible de Grenelle près Paris, semblent
justifier ce proverbe. C'est le 14 Fructidor
à sept heures un quart du matin que le
magazin de la poudrerie a sauté en l'air.
L'explosion s'est manifestée d'abord par
un grand coup, puis par plusieurs autres
très - éclatans ; et l'on a ressenti comme
un tremblement de terre qui a balancé les
maisons. A l'instant les fenêtres s'ou-
vrirent: les hommes et les femmes pâles
d'effroi, se demandoient d'où venoit
le bruit. Une colonne immense de fumée qui s'élevoit du côté du Couchant

avec une terrible majesté, donna bientôt le signal d'un malheur extraordinaire. A neuf heures, on rapportoit sur des brancards les cadavres mutilés des ouvriers, victimes de l'accident. La rue de Grenelle - St. - Germain, n'offroit aux regards que des femmes jetant des cris lamentables, et courant chercher leurs maris morts ou blessés. Il n'y a point de couleurs assez sombres pour peindre le ravage causé par cette explosion. Figurez - vous le terrein où le magazin et les atteliers étoient placés, enseveli sous une masse de pierres calcinées, sous des débris de poûtres, de planches éparpillées en mille morceaux et refoulées confusément l'une sur l'autre; au milieu de cet affreux désordre, le cadavre d'un cheval foudroyé au moment de l'éruption; des roues de charrettes démontées, de gros essieux coupés par pièces; la maison, siége du laboratoire, encore debout, comme en équilibre, et dans le froissement de sa charpente, ne conservant d'apparence que pour indiquer la mesure de l'épouvantable force de la poudre.

Des maraichers avoient leurs propriétés autour de ce magazin. Tout étoit
labouré, bouleversé, dispersé, confondu;
on ne voyoit plus que pierre sur pierre;
leurs maisons sembloient descendues
sous terre; les toits étoient enfoncés,
les tuiles soulevées et presqu'en poudre;
les meubles, les ustencils de ménage
disséminés de tous côtés; les arbres déchirés, ébranchés; les fruits des travaux
de ces malheureux, tels que melons, potirons, concombres, haricots, à la veille
d'etre recueillis, dévastés, perdus sans
ressource. L'on contemploit les larmes
aux yeux cette horrible calamité, sans
parler, sans oser demander le nombre
des morts et des blessés *). Le malheur
étoit gravé en caractères de feu et de sang

---

*) Ils furent enlevés sur le champ, et transportés
aux hôpitaux les plus voisins.

sur le sol. Les remparts du champ de Mars ont été en partie renversés ou reculés de leur base. Les arbres plantés autour étoient blanchis par des torrens de poussière ; d'autres fendus de haut en bas, n'avoient plus de feuilles. Sous des amoncèlemens de pierres, on cherchoit et l'on découvroit des lambeaux de chair, des têtes humaines broyées. Cette vaste enceinte qui, dans les beaux jours de la révolution offrit le spectacle ravissant de la réunion du peuple français libre, ne présentoit plus dans cette fatale journée que l'image effrayante de la destruction et de la mort : elle n'étoit couverte que de planches noircies, de grosses solives et de pierres; l'on eût dit du vomissement du Vésuve.

On a remarqué que peu de gens d'un extérieur aisé, ont été voir ce désastre. Cependant les secours ont été aussi prompts que le mal a été subit. Tous ceux qui ont traversé le Gros-Caillou, ont cru y reconnoître les traces d'un grand bombardement. Il n'y avoit pas une vître entière à une seule fenêtre. Les vîtraux du dôme des Invalides et ceux de l'église, ont été saccagés; l'Ecole-militaire a souffert un dommage plus considérable. La commotion a retenti à Versailles, St.-Denis, Gonesse, Luzarches, et beaucoup d'autres lieux. Des vêtemens, des bonnets de police ont été trouvés au haut de Montmartre.

Riches comme pauvres se sont empressés de donner des matelats pour transporter les blessés aux hôpitaux du Gros-Caillou, des Invalides. Le nombre des morts a été malheureusement trop considérable. La majeure partie des citoyens s'en est convaincue par ses propres yeux; et l'on a été scandalisé du lâche mensonge de certains représentans du peuple qui publioient dans les rues de Paris, que le malheur n'étoit pas tel que la malveillance se plaisoit à le dépeindre.

L'histoire dira un jour que ces deux événemens, désastreux n'ont pas été l'ouvrage du hazard. O Paris! que de coups divers et ténébreux t'ont portés les ennemis de ta splendeur? et comment subsistes-tu encore?

H 4

Chapitre CXLIV.

Paris ville de guerre.

Il ne manquoit à Paris pour offrir tous les genres de spectacle, que d'être une ville de guerre : eh bien ! l'on y peut jouir de la vue des armes. La générale se bat, les canons sont traînés ; le jardin des Tuileries, sans que l'on s'en soit douté la veille, est inondé de régimens de cavalerie ; des tentes sont dressées, le pied des chevaux creuse la promenade des allées ; leur dent offense l'écorce des jeunes arbres : c'est un camp. Chaque arbre a ses huit cavaliers en rond.

On est accoutumé au son du tambour, à voir les habits bleus ; on voit galoper

dans les rues des dragons, des hussards ;
on voit passer des généraux à doubles
épaulettes, en écharpes, le panache rouge
ornant le chapeau brodé.

On monte sa garde, on fait patrouille ;
il y a des instileurs de troupes de ligne
qui sont chargés de montrer l'exercice aux
citoyens. Dans toutes les salles publiques, vous voyez des drapeaux, des
étendards ; et tous les feux d'artifice
n'offrent que le bruit des bombes et la
détonnation de l'artillerie dans un jour
de bataille. On brûle chaque jour de la
poudre à canon et en quantité ; on jure,
on fume comme à l'armée ; l'habit bleu
est l'habit de tout le monde ; et tel ne
se fait plus raser que dans l'éclat de
bombe qu'il a fait venir de Lille ou de
Valenciennes.

J'ai vu une armée, une armée redoutable : ce fut le jour que Louis Capet et
Marie-Antoinette furent ramenés au
château des Tuileries. Antoinette avoit
passé sous le nom de comtesse de Korff ;

Louis pour son valet de chambre, et Elisabeth pour la chambrière. Les combattans sous Xercès ne furent guères plus nombreux. On eût dit de la garde, non d'un roi prisonnier, mais du plus grand roi de la terre. Le cortége ne tarissoit pas. On peut affirmer que de Strasbourg à Paris il y avoit plus de cinq cent mille hommes sous les armes. Trois personnages étoient attachés sur l'avant-train de la voiture. Jamais la puissance du peuple n'a paru sous un jour plus redoutable, et le peuple, ce jour-là, s'est singulièrement respecté. Tout en armes, il ne s'est pas permis une expression insultante ou dérisoire; et le roi lui - même prenant part à cet extraordinaire spectacle, sourioit au peuple et disoit avec une ingénuité propre à exciter le rire de pitié du sage: *Eh bien! me voilà!*

Lorsqu'il étoit environné de cette grande armée parisienne, je me disois: Oui, le voilà, cet être marqué du sceau d'une fatalité particulière: en naissant il fut l'objet de la haîne de son grand-père qui détestoit toute sa race, parce que son fils avoit voulu le faire assassiner pour régner. Louis XV à son tour avoit empoisonné son fils pour se venger; et il avoit éteint dans ses petits-fils, par une méthode barbare, les sources de la génération. Louis XV, le plus crapuleux des hommes, avoit ouvert, pour ainsi dire, cette carrière d'humiliation où étoit tombé son petit-fils toujours dominé par l'altière maison d'Autriche.

Je la voyois à ses côtés, la moderne Frédégonde, ennemie née de la France, courbée sous le poids de sa rage impuissante et trahie, mourante de dépit et d'effroi, elle serroit dans ses bras, comme sa sauve-garde sacrée, l'héritier présomptif de la royauté qui sembloit être puni par une main divine des forfaits de ses ayeux. Le parricide, le poison, l'inceste leur avoient été tout aussi familiers que dans l'ancienne maison d'Atrée et de Thyeste. Toutes ces grandeurs humaines abaissées, me faisoient songer à Bossuet, lorsqu'il tonnoit au nom de Dieu sur la tête des rois.

Il a été donné à peu de mortels d'avoir vu ce que j'ai vu, et sous le jour surtout que je l'ai vu. Le règne de là terreur m'a enlevé et fait disparoître beaucoup de papiers où j'avois consigné mes réflexions. Les uns ont été brûlés par mes proches, dans la crainte qu'ils ne fussent surpris entre leurs mains ; d'autres ne m'ont pas été rendus ; mais il m'en reste assez pour donner à la postérité un aperçu de ces scènes neuves et grandes.

Je l'ai déjà dit : Louis XVI étoit dévôt ; mais comment osoit-il, s'il étoit dévôt, se parjurer à la face du ciel et de la terre, et tromper le peuple qui avoit cru à des sermens aussi solemnels ? C'est parce qu'il étoit dévôt ; il ajoutoit foi à la puissance d'un être supérieur à lui, à la puissance du Pape, qui pouvoit à volonté le relever de son serment. Cette fausse et méprisable idée le conduisit à ne regarder l'acte du serment que comme une vaine formule qui ne pouvoit le lier en aucune manière.

C'est donc depuis la révolution une ville de guerre, que cette grande cité; car elle abonde en soldats qui vont, qui viennent, qui passent, qui restent, qui séjournent; et c'est un des grands embarras du ministère, que de les discipliner sans trop les contraindre : car une permission pour venir à Paris est ordinairement une récompense de leur bravoure.

Les enfans au lieu de jouer à la chapelle, font des patrouilles avec des bâtons et des bonnets de grenadiers en papier.

Chacun monte sa garde : le plus étourdi, le plus sourd, comme le plus sage et le plus attentif. Dernièrement un factionnaire crioit à tue-tête, *qui va là! qui va là!* le passant qui avoit la voix grèle disoit en vain: *C'est moi, citoyen, c'est moi;* l'autre alloit tirer. —

Eh! mon ami, ne me tue pas; c'est toi qui montes la garde pour moi. — Le factionnaire approche, et le maître reconnoît son cuisinier, portant au lieu de broche, bayonnette au bout du fusil.

Chapitre CXLV.

Renversement du culte catholique.

L'année précédente on avoit vu encore les processions du St.-Sacrement, à la Fête-Dieu, se faire avec la pompe accoutumée. Dieu avoit été escorté par les mandataires de la nation. Rien n'annonçoit une destruction subite. Le peuple en général sembloit être attaché aux cérémonies du catholicisme: mais il y a des corps frappés de la foudre, et qui semblent encore conserver la vie; on les touche, ils tombent en poussière.

Le peuple avoit l'apparence de croire à la messe, à la présence réelle, aux dogmes les plus reçus; il n'y croyoit pas.

Tous les sarcasmes de Voltaire contre les prêtres, toutes les plaisanteries de l'auteur de la Pucelle étoient venus jusqu'à lui. La conduite des évèques qui étoient sous ses yeux, les mœurs des ecclésiastiques, les richesses du clergé, cette espèce de veau-gras qu'on cherchoit à immoler depuis long-tems, la licence des idées et des actions, tout avoit amené le terme d'un culte qui portoit un caractère d'idolâtrie que la raison réprouve, et qui ne se soutenoit plus que par un certain éclat.

Il n'y avoit plus qu'un pas à faire pour porter la hache révolutionnaire sur les autels chargés d'or et d'argent; nuds, ils auroient pu échapper à la main destructrice.

Ce n'est point le renversement qui doit étonner, mais c'est de les avoir vus tomber en un jour avec tous les accessoires de la haîne ou du mépris le plus profond.

Les progrès de l'irreligion furent donc très-rapides parmi cette plebée qui s'arma tout-à-coup de leviers et de marteaux pour briser les effigies sacrées devant lesquelles elle ployoit le genou six mois auparavant. On lui persuada sans peine qu'il lui étoit utile de transformer les temples en magazins, les calices et les croix de vermeil en monnoie, les grilles en boulets, et les chérubins de cuivre en canons. La pleb s'imagina que d'après le décret de la souveraineté nationale, à elle seule étoit dévolu le droit de tout pouvoir, de commander à tout et de ne point obéir.

Bientôt au milieu de la célébration des offices, elle entendit retentir avec joie les marteaux des serruriers qui ébranloient et renversoient les balustrades des chapelles.

Des sculpteurs gagés effacèrent laborieusement avec le ciseau, sur toutes les épitaphes, les titres des familles nobles. L'on ne voulut plus que les archives de la piété filiale, que les souvenirs consacrés par les regrets de l'amitié appelassent davantage les regards des hommes sensibles; les monumens, les tombeaux, furent attaqués; et d'avares maîtres-maçons se présentèrent en foule pour exécuter le plan des comités de démolition.

Il y eut des entreprises pour enlever tous les saints de leurs niches, pour déloger toutes les vierges, pour effacer les armes sur toutes les tombes; on suspendit de périlleux échafauds pour aller grater sur des voûtes à perte de vue, des figures de papes, que depuis cent années des araignées cachoient sous le noir tissu de leurs toiles héréditaires; que dis-je? les anges et les archanges furent mutilés; Ste. Thérèse en devint camuse, l'enfant Jesus n'eut plus de tête, St. Paul étoit sans bras, les christs étoient tombés la face contre terre; le sabre, la pique et la lance s'amusoient des blessures portées à tous ces simulacres; le rire et la fole joie présidoient à cette guerre imprévue contre ce que la religion et les arts avoient offert jusqu'alors de plus sacré et de plus inviolable.

On ne procédoit pas à ces destructions avec la fureur du fanatisme, mais bien avec une dérision, une ironie, une gaîté saturnale, bien propre à étonner l'observateur.

L'on descendit dans les caveaux où la mort rassemble ses paisibles victimes. Là, un commissaire révolutionnaire, un flambeau à la main, chercha curieusement dans ces cendres quelques vestiges de la féodalité, ou l'empreinte usée de quelques pièces d'or ou d'argent.

Des époux inséparables pendant leur vie, sembloient l'être pendant leur trépas. Leurs reliques furent dispersées. Des épitaphes conservatrices du souvenir des actions d'éclat de nos plus fameux guerriers et de tant de personnages illustres, furent enlevées, parce qu'elles se trouvoient dans un temple, et jetées avec les débris des autels dans un dépôt comme des moëllons informes dans une carrière.

Les menuisiers, les serruriers, les orfèvres, les courtiers, les revendeuses à la toilette même, vinrent mettre à l'enchère tous les objets séquestrés, sortis des églises ou des armoires des sacristies ; et l'on vit dans les boutiques de fripiers des chasubles qui pendoient à côté de pantalons ; des marchands de meubles exposoient en vente des crucifix parmi des seringues, et des devants d'autels, à côté de chaises percées.

Quelques jours avant le préliminaire de ce richissime inventaire, l'on avoit vu les prêtres en habit séculier, célébrer la messe avec des calices de verre, ou des coquetiers d'étain.

On a brisé, on a vendu les grilles resplendissantes d'or de la métropole, la belle boiserie du chœur des Chartreux ; le magnifique baldaquin du maître-autel de l'église des Invalides, fut renversé dans la poussière.

Que de châsses, jadis étincelantes du feu des rubis, ont disparu brisées, morcelées, et l'on devine par qui: toutes ces pierres précieuses circulent dans les mains du négociant étranger.

On a vu briller aux doigts de ces présidens de comités révolutionnaires, les émeraudes qui décoroient les soleils; tel d'entre eux s'est fait tailler des culottes de velours à pleines châpes; et plusieurs ont, pour la première fois, porté des chemises faites avec les aubes des enfans-de-chœur.

Toute l'argenterie des églises des quatre-vingt-trois départemens, celle de la Belgique est venu s'engouffrer dans les creusets de la Monnoie; et nous avons effectivement mangé Dieu et les saints d'argent, en bled, car il falloit payer le bled en argent.

Ces dilapidations furent bientôt suivies des fêtes extravagantes dont Paris donna le premier exemple à tous les départemens de France. Les acteurs qui y figurèrent étoient encore ivres de l'eau-de-vie qu'ils avoient bue dans les calices, après avoir mangé des maquereaux sur les patennes. Montés à califourchon sur des ânes dont des chasubles couvroient le derrière, ils les guidoient avec des étoles ; ils tenoient empoignés de la même main, burettes et St.-Sacrement. Ils s'arrêtoient aux portes des tabagies, tendoient les ciboires, et les cabarretiers, la pinte à la main, les remplissoient trois fois.

Des mulets suivoient, surchargés du poids des croix, des chandeliers, des encensoirs, des bénitiers et des goupillons ; ils rappeloient les montures des prêtres de Cybèle, dont les paniers, remplis des instrumens de leur culte, servoient à la fois de magazin, de sacristie et de temple.

C'est dans cet équipage que ces profanateurs s'avancèrent vers la Convention nationale ; ils y entrèrent bisarrement couverts des ornemens sacerdotaux; ils haranguèrent, et ils furent harangués, tandis que les acclamations les plus bruyantes applaudissoient à ces scandaleuses processions.

Cependant dans les cours, on brûloit tous les saints et les crucifix de bois; les flammes des bûchers allongeoient leurs langues jusqu'au deuxième étage des maisons, et chacun ouvroit ses fenêtres pour y jeter les livres que le jacobinisme avoit condamnés.

A l'aspect de ces neuves orgies, le peuple égaré accouroit en foule, fier d'avoir secoué le joug de sa religion; il rioit aux éclats, poussoit d'insolentes clameurs et portoit au bûcher les confessionaux dont il s'étoit affranchi., La prostituée montroit d'un air badin à son entreteneur le tableau de la chaste Susanne à demi brûlé; et le tableau de la Cène forma long-tems l'ovant de la boutique d'un savetier.

Chaumette, l'athée, triomphant du succès de ces profanations, crut avoir chassé Dieu de l'univers. Il poussa jusqu'au dernier excès les conceptions atroces de l'impiété. Il imagina les fêtes de la Raison.

C'est alors que les prêtres de Paris et des départemens terrifiés par les rugissemens des bêtes féroces de la commune, envoyèrent leurs lettres de prêtrise à la Convention, et apostasièrent pour éviter la mort et le supplice.

Gobel, archevêque de Paris vint confesser à la barre qu'il n'avoit jamais été qu'un imposteur, qu'un charlatan; et qu'il méprisoit le culte dont il avoit été le ministre. Pour de l'argent une foule de prêtres suivit son exemple; c'étoit à qui se déprêtriseroit.

Le 20 Novembre 1793 mit le comble à ces folies irreligieuses; vint une file immense d'hommes rangés sur deux lignes et couverts de dalmatiques, chasubles et châpes; on portoit sur des brancards des calices, des ciboires, des soleils, des candélabres, des plats d'or et d'argent.

A cette riche offrande , la gaîté s'em-
para de la troupe qui l'apportoit; elle demanda pour prix de son zèle et en signe
de triomphe, de danser à l'instant même
la carmagnole; la Convention nationale
y consentit; et plusieurs membres sor-
tant de leurs chaises curules , prirent
par la main les filles revêtues d'habits
sacerdotaux et dansèrent la carmagnole.

Le lendemain il fut décidé que les
reliques de Sainte Geneviève seroient
brûlées sur la place de Grève pour y ex-
pier le crime d'avoir servi à propager
l'erreur, et à faire bouillir la marmite de
chanoines fainéans. Un habitué de la
Montagne et le plus terrible vociférateur
parmi ces énergumènes, un nommé
Fayan, voulut que le procès-verbal fût
envoyé à toutes les sections et au Pape;
cela passa; et l'on fut sur le point de re-
commencer la danse de la carmagnole.

Mais au milieu de ces mascarades, les
danseurs donnoient de l'aplomb au tribunal révolutionnaire, ordonnoient l'apo-

théose de Marat, aiguillonnoient le zèle homicide des proconsuls ; et par leur chère loi *sur les suspects* se ménageoient les moyens d'envoyer à l'échafaud **ou** de plonger dans la caverne des prisons quiconque n'obtiendroit pas de son comité révolutionnaire un certificat de civisme.

Chapitre CXLVI.

Fêtes de la Raison.

Elles ont eu des témoins qui n'en laisseront pas perdre le souvenir. On doute presque de ce qu'on a vu et de ce qu'on a entendu.

La Raison étoit ordinairement une divinité, une fille choisie dans la race des sans-culottes; le tabernacle du maître-autel servoit de marche-pied à son trône; les canonniers, leurs pipes à la bouche, lui servoient d'acolytes. Les cris de mille voix confuses; le bruit des tambours, les rauques éclats des trompettes, le tonnerre de l'orgue, laissèrent croire aux spectateurs qu'ils étoient transportés parmi des Bacchantes sur les monts de la Thrace.

Ce que c'est qu'un peuple subitement licencié du joug politique et religieux ! il n'est plus peuple ; c'est une populace effrénée : dansant devant le sanctuaire en hurlant la carmagnole, et les danseurs (je n'exagère rien) presque déculottés, le col et la poitrine nuds, les bas ravalés, imitoient par de rapides tournoiemens, ces tourbillons, avant-coureurs des tempêtes, qui portent par-tout le ravage et la terreur.

La femme du libraire Momoro, vil orateur des Cordeliers, la chanteuse Maillard, l'actrice Candeille, voilà les Déesses de la Raison portées en triomphe, presque adorées, et qui se laissoient faire.

On avoit masqué le devant des chapelles collatérales de la nef, avec de grandes tapisseries, et non sans projet. Du sein de ces réduits obscurs, partoient des ris aigus qui attiroient des aventuriers ;

en soulevant un coin de tapisserie, ils laissoient entrevoir aux passans des scènes, pour le moins aussi pittoresques que celles de la tentation de St. Antoine.

La même fête dans l'église de St.-Eustache, offrit le spectacle d'un grand cabaret. L'intérieur du chœur représentoit un paysage décoré de chaumières et de bouquets d'arbres. On distinguoit dans le lointain des bosquets mystérieux; il y avoit effectivement de petits sentiers pratiqués dans les escarpemens figurés de grandes masses de rochers. Les précipices de sapin n'étoient point inaccessibles; des troupeaux de filles qui suivoient effrontément à la file, couroient après les hommes, et l'on entendoit le continuel craquement des planches sous leurs pas précipités.

Autour du chœur, l'on avoit dressé des tables surchargées de bouteilles, de saucissons, d'andouilles, de pâtés et d'autres viandes. Sur les autels des chapelles latérales, on sacrifioit tout à la fois à la luxure, à la gourmandise; et l'on vit sur les pierres consacrées, les traces hideuses de l'intempérance.

Les convives affluoient par toutes les portes; quiconque se présentoit prenoit part au festin; des enfans de sept à huit ans, tant filles que garçons, mettoient la main au plat en signe de liberté, ils buvoient à même les bouteilles; et leur prompte ivresse, excitoit le rire des êtres vils qui la partageoient. Oh! combien est déplorable l'aveugle impétuosité du peuple qui obéit si stupidement à la bride des conducteurs de factions!

A St.-Gervais, la cérémonie se fit sans banquet; les femmes du marché St.-Jean y entroient avec leurs éventaires; toute l'église sentoit le hareng. Des marchands de ptisanne tintoient leurs gobelets, pour appaiser la soif du met salé. Il y avoit bal dans la chapelle de la Vierge; quelques lumignons, qui répandoient plus de fumée que de lumière servoient de lustres. En effet, pour ne

point laisser un seul instant à la pudeur,
on ajouta la nuit à la dépravation afin
qu'au milieu de la confusion de ces assemblées, les abominables desirs, allu-
més pendant le jour, s'assouvissent li-
brement durant les ténèbres.

De l'église St.-Gervais, on descen-
doit à la place de Grève où une multitude de spectateurs se chauffoit à la
flamme des balustrades de chapelles et
des stalles de prêtres et chanoines.

Tout Paris a contemplé, sans souffler
le mot, ces processions de la ligue jaco-
bite. Ivres de vin et de sang, revenant du
spectacle des échafauds, les prêtres et
prêtresses de la Raison suivoient d'un pas
chancelant le char de leur divinité im-
pure. Un autre char venoit après; c'étoit
un orchestre ambulant rempli d'aveugles-
musiciens, image trop fidèle de la raison
du tems d'alors.

On vit encore un char portant un
rocher tremblant au haut duquel un
acteur de l'Opéra, transfiguré en Hercule,

sembloit, avec sa massue de carton, vouloir assommer tout ce qui n'étoit pas Jacobin.

L'air retentissoit des rugissemens de ces tigres; les mots de *Guillotine*, de *rasoir national*, de *mettre la tête à la petite fenêtre*, de *racourcissement patrio-tique*, termes mignons des Montagnards, frappoient tour à tour toutes les oreilles; et les spectateurs pâles, glacés d'effroi à l'aspect de ces bonnets rouges, de ces inscriptions menaçantes portées audacieusement par les barbares stipendiés des tyrans, ne retrouvoient plus de langue ni de voix, lorsque des espions apostés les forçoient à se prosterner devant l'image de la liberté.

Ces mascarades, déjà si incroyables, furent suivies · de celles de l'affreux Marat. Dans toutes les places publiques on lui érigea des temples, des mausolées et des arcs de triomphe. Au Carrousel, on bâtit à sa gloire une espèce de pyramide, dans l'intérieur de laquelle on plaça son buste, sa baignoire, son cornet et sa lampe de cuisine. On y posa une sentinelle, qui une nuit mourut de froid ou d'horreur. Le nombre de ses bustes égala le nombre des têtes qu'il vouloit couper.

Les fossoyeurs du cimetière des Innocens portèrent triomphalement ce buste adoré; ils avoient des sabots aux pieds, des culottes criblées de trous, mais dont les goussets bien cousus regorgeoient d'assignats; ils lançoient des regards de basilic sur les passans qui ne s'humilioient pas devant l'idole.

Qui l'eût pensé, cependant, qu'après la journée du 9 Thermidor, ce nouveau Moloch recevroit les honneurs du Panthéon? Mais ce jour-là même fut plutôt celui de son jugement dernier, que de son triomphe. On eût dit que l'on craignoit de respirer l'air par où paroissoit sa charogne.

IV.   K

Chapitre CXLVII.

Fête à l'Etre-Suprême.

Ces fêtes de la Raison avoient déplu à Robespierre, parce qu'il n'en étoit pas l'inventeur; d'ailleurs un cri sourd d'indignation s'élevoit contre ce mélange d'idolâtrie et d'athéisme, dont on vouloit composer une religion nouvelle.

Robespierre en fut jaloux, c'étoit un misérable avocat de sept heures *); ce qu'il avoit lu, il l'avoit mal lu. Il crut qu'il pouvoit jouer le rôle de Mahomet,

---

*) On appeloit de ce nom au Palais, des procureurs renforcés, qui, sous le nom d'avocats, n'avoient qu'une facilité parlière et vide de sens, et qui ne tarissoient point en phrases.

et réintégrer l'Etre-Suprême dans tous ses
droits. Il avoit beau jeu, après les luper-
cales, après les parades infâmes que de
misérables charlatans avoient fait jouer
à Paris et dans les départemens pour éta-
blir une cérémonie simple, auguste et
touchante. Mais Robespierre n'avoit
point d'imagination ; il n'avoit aucune de
ces qualités brillantes qui flattent et qui
séduisent ; il étoit sec, et il devint ridicule quand il voulut faire le pontife. Sa
fête à l'Etre-Suprême consistoit dans un
discours qu'il n'avoit point fait, et dont
il fit périr l'auteur. Il fit brûler deux
mannequins qui représentoient l'athéisme
et le fanatisme, il y mit le feu lui-même ;
armé d'un gros bouquet, il regardoit à
travers les branches tout ce qui se passoit.
Il marchoit à la tête de la Convention
nationale ; mais celle-ci laissoit respec-
tueusement entre elle et lui une distance
de quinze pieds.

Cette fête fut silencieuse, sa nou-
veauté portoit l'étonnement dans tous les

esprits; on attendoit ce qui devoit sortir de ce titre pompeux.

Il falloit bien manquer de génie, pour, sur un si grand théâtre, et dans des circonstances si favorables, ne point frapper quelque chose de grand, ou du moins qui en eût l'air. Il parloit à une nation qui attendoit un culte, et il ne sut lui rien dire. Jamais prophête n'avoit eu à son début un auditoire aussi nombreux; il fut plattement métaphysicien; il fut de tous les novateurs connus, le plus misérable en moyens, et le plus stérile en ressources. Elevé sur une estrade adossée au palais du dernier roi des Français, monarque (car il le fut ce jour-là), il ne sut pas faire un geste digne du rôle et du jour où il se trouvoit.

Oh! s'il eût su apporter une vieille bible sous son bras, poser la main dessus, et dire: „Voilà le livre des tems et des nations; je l'adopte et je me joins aux communions protestantes; séparons-nous de Rome, réunissons-nous au Christ;" le monarque devenoit pontife et l'interprète d'une religion épurée et réformée.

Je suis sûr que ce conseil lui a été donné ; mais Robespierre qui n'avoit point voyagé étoit l'ignorance personnifiée. Il méconnoissoit la loi et la règle des intermédiaires. Son orgueil opiniâtre se jetoit dans les extrèmes, réfuge des esprits médiocres. Sa pièce fut froide et fut sifflée, et le parodiste du législateur de la Mecque marcha des planches de son trône-autel à celles de l'échafaud.

Toutes les places portèrent les inscriptions qu'il avoit dictées : *Le peuple Français reconnoît l'existence de l'Etre-Suprême et l'immortalité de l'ame.* Quand je veux m'identifier au cerveau qui a tracé de pareilles lignes, j'ai beau me métamorphoser en mille manières, je ne puis deviner le sens qu'il vouloit leur donner. Elles sont tout à la fois si ineptes et si ridicules, qu'on est tenté de penser qu'il n'y avoit pas fait attention lui-même.

Ces inscriptions subsistèrent encore long-tems après son supplice, et cela paroît tout aussi inconcevable que de les avoir vu élever par tant de mains dociles.

———————

Chapitre CXLVIII.

Caves des émigrés.

Qu'ils avoient d'esprit ces émigrés! ils nous ont débarrassés de leurs personnes, et il nous ont laissé leurs biens, leurs meubles et les vins de leurs caves!

Qui les a bus, ces vins fins! vous le savez, mes amis? D'abord les présidens et les membres de comités révolutionnaires; mais comme il y avoit dès caves où se trouvoient quinze à vingt mille bouteilles, on ne pouvoit non raisonnablement mais non physiquement tout boire.

On les a mis en vente, ces vins délicieux, comme compris dans le domaine de la République: qui les a achetés? les agioteurs, à qui le gouvernement achetoit lui-même des louis et des écus pour alimenter le service des armées, qui étoit dans une crise épouvantable.

Des gosiers qui ne buvoient que de l'eau, ont bu les vins de Beaune, de Nuits, de Rivesaltes, de Jurançon, de Paille, de Roussillon, de Paquaret, de Rancio, du Cap, de Hongrie; ils en avoient seulement entendu parler, ils ont fait avec eux une connoissance intime et profondement joyeuse et sentie.

On ne pouvoit rencontrer un plus bel ordre que celui qui règnoit dans ces caves. En voyant ces rangs de bouteilles, il n'y avoit plus que le tire-bouchon à y appliquer. Comme il résonnoit en sautant! comme la mousse de Champagne pétilloit dans de larges verres à bierre! car on ne buvoit point dans d'autres vases, si ce n'étoit par fois dans des écuelles de terre; l'on n'étoit pas difficile sur le cristal plus ou moins net, plus ou moins limpide. Figurez-vous tous les commissaires de sections faisant l'inventaire de ces richesses, dressant procès - verbal en présence de Bacchus, procédant à la dégustation, dérangeant quelquefois les étiquettes, mais se trouvant toujours en pied pour la plus grande exactitude, et pour la perfection du procès - verbal; on recommençoit l'épreuve, car comment faire un faux dans un procès - verbal de cette importance ? l'examen se prolongeoit, et la clôture ne se faisoit qu'après avoir épuisé les dissertations des gourmets.

Il étoit donc impossible de tromper le public, lorsqu'on lui annonça la vente de tous ces vins. Ce ne fut pas le ramoneur qui y mit l'enchère, ni le gagne-petit, ni le porte-faix, ni même le tonnelier; mais bien le courtier universel, le trafiquant de gros sols, les agens préposés à la vente des domaines nationaux; mais bien encore les Flores des quatre saisons, et les Déesses panachées des cavernes du Palais-Royal.

Autrefois les riches seuls buvoient par privilége ces vins rares; ils furent disséminés, entrèrent dans toutes les maisons, et devinrent pendant quelque tems aussi monnoie courante que les ballots d'étoffes et de livres.

Tel gosier n'auroit jamais connu un vin étranger, qui, grace à la révolution, s'humecta de sa saveur, tandis que celui qui avoit pris la peine d'amasser et de soigner ces bouteilles précieuses, faisoit la grimace au fond de l'Allemagne, en buvant d'une petite bierre aigre, qu'il étoit encore trop heureux de rencontrer.

Dans toutes ces commotions, on n'a point oublié les caves; il est du droit des vainqueurs de trinquèr à la victoire. Je me rappelle qu'après la journée du 10 Août, on a marché pendant plus de quinze jours sur les débris d'innombrables bouteilles, et que les fragmens en étoient tellement semés dans le jardin des Tuileries, qu'on eût dit qu'on avoit voulu faire des routes de verre pilé.

CHAPITRE CXLIX.

Emprunt forcé.

Comment a-t-on fait l'association de ces deux mots qui se repoussent? après en avoir fait l'observation, on s'y accoutuma. L'emprunt ne portoit que sur une classe de contribuables aisée; et la majeure partie des habitans de cette capitale, se ressouvint qu'au commencement de la révolution elle avoit fait l'offre généreuse d'une partie de sa vaisselle, de ses bijoux, de ses boucles de souliers. Elle avoit espéré que ces dons joints à d'autres sacrifices, concourroient à relever le crédit ébranlé, et les fondemens de l'état penchant vers sa ruine. Mais les secousses nouvelles lui apprirent que ces fonds avoient été insuffisans.

L'abondance du papier-monnoie rendit illusoire cet emprunt, et la couturière qui avoit offert son dez d'argent, avoit plus donné dans l'origine que le millionnaire, qui se débarrassoit des demandes avec des masses d'assignats.

J'ai vu un billet de cent francs par terre et un homme du Temple dit en ma présence : *Il ne vaut pas la peine d'être ramassé.*

Chapitre CL.

Vive la Montagne!

Quiconque n'a point vu, n'a point entendu toutes ces sections populaires défiler et hurler en la manière accoutumée dans la salle de la Convention nationale, ne peut se former une image de ce qu'étoit ce peuple vociférant : *Vive la Montagne!* il n'étoit pas conduit, il étoit déchaîné dans tout ce que la licence peut imaginer de plus absurde et de plus violent. Les discours de ses orateurs, les réponses des présidens, les hymnes patriotiques, les chants de liberté, les cris perçans, les clameurs, le cliquetis des armes, le brandissement des piques, la danse des écriteaux, deux mille femmes du haut des tribunes , tendant ou se tordant les bras , et joignant leurs glapissemens de Mégères à tous ces sons discordans ; voilà l'harmonie qui environnoit et accompagnoit Chaumette, quand il venoit à la barre.

Qui n'a pas entendu ce Chaumette, procureur-syndic de la commune, lorsqu'il entretenoit la Convention , et qu'il parloit des pauvres, des malheureux, des estropiés et des vieillards, et de tout ce qu'il faisoit pour la splendeur de la République, pour l'abaissement des trônes, pour la ruine du fédéralisme, n'a pas une idée de l'insolence d'un démagogue, et des choses bisarres que ce rôle lui inspire.

Ces farces burlesques auroient provoqué le rire inextinguible des dieux d'Homère, si la sanguinaire férocité n'y eût pas joint ses menaçantes paroles. Amar, qui n'ouvroit la bouche que pour demander le meurtre de ses collègues, et qui sembloit n'être venu à la Convention que pour devenir leur bourreau, complimentoit et félicitoit Chaumette ; et toute la multitude de porter les vociférations et les menaces à la plus atroce énergie, à cette énergie infernale qui annonçoit la dépopulation de la France et l'égorgement des Français. A ce cri de *vive la Montagne*, on croyoit voir tous les tigres déchaînés sortir de leur repaire pour dévorer sans faim.

Témoin et victime de ces scènes insensées et violentes, je le répète, qui n'y a pas assisté, ne peut connoître l'histoire de ces jours déplorables, encore moins en rendre compte à la postérité ; qui n'y a pas assisté, ne peut dire jusqu'à quel point une populace mue par des scélérats, deploie une physionomie tout à la fois extravagante et barbare. Musique du Tartare ! Opéra des enfers ! cris des démons ! exultation des êtres foudroyés par la Divinité et devenu ennemis de l'homme ! accens du crime et de la noire méchanceté ! oui, je vous ai entendus sur la terre! tous ces cris infernaux étoient renfermés dans le *vive la Montagne!*

Et lorsque le Verres de Nantes écrivoit à la Convention sur une noyade de cinquante-huit prêtres, et qu'il ajoutoit gaîment : *Quel torrent révolutionnaire que la Loire!* l'Assemblée couvrit par des applaudissemens immortels l'horrible rapport de Carrier.

Chapitre CLI.

Dépit aristocratique.

Une vieille comtesse disoit, en parlant à un cercle de nobles : *Vous méritez bien, messieurs, tout ce qui vous arrive. J'ai prédit que la noblesse étoit perdue, quand j'ai vu que vous abandonniez des femmes comme nous pour courtiser des filles du Tiers-État.* La même disoit : *J'ai bien vu dans l'histoire qu'on a quelquefois ôté la couronne à un roi, mais voilà la première fois qu'on parfile le diadême sur sa tête, comme on fait en France.* L'expression du moins étoit saillante.

Ce seroit un recueil assez curieux que tous les mots que le dépit aristo-

IV.   L

cratique a enfantés. Il y en a qui res-
sentent la fureur, et qui par-là même,
sont moins ingénieux. On ne sauroit
imaginer les ridicules qu'ils ont donnés
au ministre Necker, qui, mis en parallèle avec l'aimable Calonne, le dépréda-
teur, sembloit un ours arrivé des
Alpes. Ils ne virent pas que tous les
argentiers, et tous les créanciers du
royaume ne pourroient aimer le charmant Calonne.

La réunion des Ordres fut célébrée
par trois jours d'illuminations. On avoit
alors la prétention de nous mesurer une
dose de liberté partielle.

Les femmes perdirent toute leur influence, après la grande explosion: vainement s'imaginèrent-elles que le Français reviendroit au goût de leurs frivo-
lités; l'empire de l'opinion publique et
de sa force croissante est incalculable.
L'esprit parisien étoit dispos à l'établis-
sement de toutes les théories politiques

et de tous les systêmes de législation :
il falloit donc courir avec lui.

Lorsqu'il s'agissoit d'une touchante
et sensible harmonie entre les vœux du
roi et ceux de la nation, le puéril et
détestable orgueil des femmes l'emporta sur le bien public. J'ai entendu
discuter longuement pour prouver que
le parlement devoit assujettir le monarque à choisir pour modèle la composition des Etats assemblés à Paris en
1614, tandis que le vœu national et
les lumières du siècle s'élevoient in-
vinciblement contre cette forme.

———————

L 2

Chapitre CLII.

Honnêtes gens.

Comme tout change jusques dans les mots ! Un homme lâche et paresseux veut-il être exempt de monter sa garde ? il se fait domestique ; et quoiqu'il reçoive des gages, son maître l'appelle son *homme de confiance*. Les mouchards, si justement abhorrés et malheureusement si nécessaires, ne sont plus des mouchards, ce sont les *agens* de la police. Les comédiens sont devenus des *artistes* ; les procureurs des *hommes de loi* ; les médecins des *officiers de santé*. L'homme qui, pendant une heure, à déraisonné d'une voix forte, devient un *orateur* ; et sa femme, sa fille, sa servante, ses voisines ne doutent pas qu'il ne soit l'un des hommes de France les plus éloquens. Nous n'avons plus de bourreaux : nous avons des *exécuteurs des jugemens criminels.* Enfin, des hommes connus par la corruption effrénée de leurs mœurs et par l'audace de leur incivisme, sont des *honnêtes gens. Si cela est,* demandoit un vertueux citoyen, *que sommes-nous donc, nous autres?*

On a abusé du terme d'*honnêtes gens* au point que les royalistes les plus effrénés et les conspirateurs les plus vils se sont déguisés sous ce nom, l'ont pris, et l'ont refusé à d'autres.

Chapitre CLIII.

Réaction royale.

Les trois quarts et demi des Parisiens n'ont aucune idée de l'épouvantable réaction royale. Après la chûte des échafauds, elle a fait périr plus de républicains que ceux-ci n'en avoient immolés. Les patriotes les plus exempts de toutes foiblesses et de tous crimes, furent incarcérés par milliers.

Le Parisien dans son oisif parlage, et dans son stérile raisonnement, s'imaginant qu'une révolution se fait ou s'arrête à volonté, est loin de croire à cette terre du midi, imbibée d'un déluge de sang. Il veut toujours se replacer à l'Assemblée des notables au *déficit* que l'on pouvoit combler. Il ne veut ni connoître, ni suivre la chaîne des événemens. Il n'a pas mis le pied dans ces régions malheureuses, couvertes de ruines, d'ossemens et de cendres. Il n'a point vu la terre de la Vendée boursoufflée de cadavres; ces vastes cimetières, ces épouvantables catacombes sont l'ouvrage de cette *armée royale et catholique*, dont il révoque en doute l'existence.

Misérable! toi qui ne sais que promener une plume vénale sur du papier timbré; ou toi, parleur infatigable, et pilier de café, ou de la boutique de *Desénnes*, va dans les plaines de Châlons, dans les rues encombrées de Lille, dans les débris de Valenciennes, de Quesnoy, de Thionville, de Condé, dans les campagnes incendiées, ravagées du midi et des côtes de Brest; les échos, reproduisant leurs lamentables murmures, te diront: C'est au nom du roi et de la religion catholique que ces champs qu'ornoient jadis des fleurs et des épis, sont couverts de crânes d'hommes et de débris ensanglantés; vois ces tombeaux sans nombre où gissent empilés des milliers de tes frères; entends, entends leur voix sépulcrale mêlée au croassement des corbeaux; cette voix te crie que les royalistes veulent immoler jusqu'au dernier républicain; mais l'ignorant n'a pas seulement jeté les yeux sur la carte où ces objets funèbres sont empreints; il n'est sensible qu'aux calamités qui le touchent de très-près, et dont quelquefois il n'a pas même été atteint. Perturbateur par mutinerie, rebelle en paroles, se cachant dans son étude ou dans sa boutique, au moindre coup de tambour, il cherche une servitude dont il n'a point le nom. Il s'attendrissoit sur un *roi-marmot*, et il rejette la constitution républicaine parce que, bien loin de l'aimer, il n'est point né pour la concevoir. Oh! qu'il aille à Alger apprendre à obéir, puisqu'il ne veut pas être libre dans sa patrie.

Rovère demande à des ouvriers occupés à creuser la terre aux Tuileries : *Que faites-vous là? Une glacière,* répondit l'un d'eux. Cet ouvrier étoit plus instruit que la foule parisienne.

———

Chapitre CLIV.

Louis d'or.

Il a valu jusqu'à 18000 liv. assignats. L'on ne s'étoit accoutumé à parler que par millions et par milliards. On ne sauroit croire combien ces fatales dénominations ont influé sur la cherté des denrées. Il est remarquable qu'elles ont augmenté progressivement avec la bouffissure de l'assignat. Ce sont les départemens qui les premiers ont méconnu ce malheureux papier, comme monnoie courante, et qui n'ont plus voulu admettre que du numéraire dans leurs transactions commerciales.

Alors tout le monde se souvint de l'agiot et de ses déplorables effets. Le papier tomba avec la célérité de l'aréostat qui crève; et pour honorer son décès, on fit une gravure qui représentoit tous les signes de papier dont on avoit usé pendant la révolution. L'un n'avoit aucun reproche à faire à l'autre.

Cette allégorie sur le papier-monnoie rappela celle faite en 1720 par le célèbre Picard sur la banque de Law.

Ce graveur avoit représenté la folie en juppes de baleine, conduisant le char des actions à l'hôpital des fous, des gueux et des malades. Une renommée bouffie, sonnant de la trompette, vole au-devant pour annoncer leur arrivée. La fortune, debout, sur le char, sous la figure d'une femme, distribue à pleines mains des actions sur le sud, sur le Mississipi. Le Mississipi ayant une jambe de bois, et le sud un large emplâtre à la sienne, tirent ce char, et les actionnaires de ce nouveau système poussent à la roue et écrasent dessous les vrais négocians que l'on reconnoît à leurs registres sous le bras. Un diable dans un nuage fait des bouteilles de savon sous toutes les nuances, emblêmes de tous les billets de banque. Des serpens, des bonnets de fou, voltigent parmi les figures du désespoir, de l'insomnie, du remords. Une tête à deux faces, l'une riante, l'autre affligée et larmoyante donne la clef de ce tableau singulier.

Il nous auroit fallu un nouveau Picard pour immortaliser l'incroyable assignat. Mais il n'y a pas eu de quoi rire: qui n'a pas perdu? le sorcier, le devin; car l'on ne s'attendoit pas à une chûte totale et dans un clin-d'œil.

Depuis cette époque, combien de chambres obscures, inconnues, sont devenues des monts de piété, des dépôts secrets d'objets de toute espèce que le besoin, l'indigence, le mal-aise y ont entassés! Et de-là vient que chez presque tous les particuliers vous découvrez un ameublement bisarre, discordant; des secrétaires d'acajou, et des fauteuils de

velours devant une tapisserie de Bergame ;
un petrin grossier à côté d'un clavecin
élégant, et des chénets dorés dans une
vieille cheminée de plâtre, sans plaque.

Un cordonnier, un tailleur vous in-
vitent à boire le petit verre ; c'est le ma-
rasquin, c'est la liqueur des îles qu'ils
vous servent. On diroit qu'un esprit fan-
tasque s'est plu dans une nuit à mêler
les meubles les plus riches avec les meubles les plus pauvres, et a fait sortir des
caves les meilleurs vins, pour les placer
dans les greniers. C'est depuis quatre
ans un mélange si extraordinaire, qu'il
échappe au pinceau, et que je ne fais ici
que l'indiquer à l'œil qui pour se réjouir
voudroit l'observer après moi.

Un marchand de salade habite en ce
moment un de ces jardins anglois plantés
avec leurs saules pleureurs, leurs allées
d'ifs et leurs sapins lugubres qui semblent étendre un crêpe funèbre sur les
fleurs et placer, pour ainsi dire, la nature
sous un catafalque. Eh bien, mon mar-

chand de salade a placé tout au milieu un gros buste en cuivre de Louis XIV, qu'il avoit acheté à la livre; il lui cherche un pendant.

Toutes les figures, copies de l'antiquité, se retrouvent dans des recoins de maisons; et une blanchisseuse vient me proposer de me vendre une Niobé et un Charlemagne, dont les noms lui étoient absolument inconnus.

Fortune! ce sont-là de tes jeux; mais, qu'ils sont variés, qu'ils sont piquans! comme ils forment la petite pièce, la farce, la comédie, après l'épouvantable tragédie dont nous avons été tous témoins!

Chapitre CLV.

Fermiers de campagne.

Du tems de la ligue, lorsque Paris étoit assiégé ; les assiégeans troquoient par dessus les murs un aloyau contre une fille ; au mois de Frimaire 1795, pour un pain de quatre livres, pour une poularde, plus d'un commissaire de section obtint par reconnoissance les faveurs de certaines jolies femmes ; car elles ne vouloient pas mourir de faim. Alors chacun vendoit ses plus beaux meubles pour avoir de la farine, des lentilles, des haricots, et du beurre. On mangeoit ses armoires en galettes. Les granges des fermiers de campagne furent transformées en magazins de tapissiers. Ces fermiers se montrèrent durs, inexorables, rioient des souffrances des Parisiens, et en tiroient tout le parti que peut inspirer la plus ardente et la plus détestable avarice. La révolution qui leur a restitué une si grande dose de liberté, et qui fait leur richesse, ils ne savent ni la connoître, ni jouir de ses bienfaits avec reconnoissance. Leurs femmes ont acheté toutes les nipes des bourgeoises ; elles mangent sur des assiettes d'argent ; elles ont la migraine, et disent à leurs maris : *Je ne me leverai pas aujourd'hui ; qu'on dise que je suis malade.* On voit des meubles de damas et des tables d'acajou, tout à côté des charrues, des chevaux, du fumier, et de l'attirail de la ferme. On n'entend plus résonner les gros sabots sur les marches des escaliers de bois ; elles sont recouvertes de tapisserie.

Une mesure de farine à la main, le fermier enlève tout ce qu'on lui présente.

Il a fait râfle des bagues, des croix d'or,
des dez et de tous les bijoux des habitans
des faubourgs. Il alloit se placer
au balcon des spectacles ; et là , se
pavanant avec un gros rire, il méditoit
de faire venir toute la comédie dans sa
grange.

Tandis qu'il mangeoit à volonté, le
menu-peuple, dont la classe est si nombreuse en cette ville, se réunissoit en
tas, dès les six heures du matin, aux
portes des boulangers et des bouchers;
il se pressoit, il s'agitoit; la crainte
de revenir les mains vides, assombrit
le visage de cette mère de famille in-
téressante qui semble, de ce lieu où
elle se morfond, entendre les vagis-
semens de ses enfans. La pâleur, l'in-
quiétude de l'avenir, la tristesse, étoient
peintes sur tous les visages; on ne
rencontroit dans la matinée que des individus des deux sexes revenant triste-
ment, leur ration de pain sous le bras,
et le mangeant d'avance. La faim a

IV.   M

cavé les joues de cette jeune adolescente dont les attraits devoient croître avec l'amour et pour l'amour.

La livre de jambon valoit deux cents livres. Elles avoient disparu, ces fontaines de fer-blanc pleines de café dont le menu-peuple, les marchandes de poissons, les porteurs et porteuses de choux prenoient le matin, sous les piliers des halles, chacun une bonne tasse; le sucre et le café étoient divisés, entassés dans les caves, les greniers, et les maisons à louer.

Les privations des choses de la plus absolue nécessité furent endurées patiemment par ce grand peuple; il ne se souleva point; il respecta tous les dépôts où le comité de salut public avoit emmagaziné toutes les denrées de première nécessité, jusqu'au drap.

Les boutiques fermant à la nuit tombante, ne s'ouvroient que fort tard le lendemain; c'étoit à qui ne vendroit pas : les individus dans tous leurs marchés avoient peur les uns des autres. Celui qui sut prévoir de longue-main le discrédit des assignats, trouva le secret de s'enrichir. Déjà la cherté du vin avoit rendu le caractère parisien, flegmatique et froid; il perdoit peu à peu sa légèreté.

Le faubourg Marceau, qui dans tous les tems a été le réfuge des ouvriers de toutes les classes, confondus avec le chiffonnier, le vuidangeur, l'écureur de puits, le débardeur, le tondeur de chiens, le marchand de tisanne, le symphoniste ambulant, la marchande de châtaignes, le mendiant, n'offroit plus qu'un vaste et douloureux silence; et cependant le peuple demeura paisible. Quelqués paniers de pommes de terre semées de porte en porte, avec quelques rations de pain, le sauvèrent de la famine.

Il est difficile d'expliquer aujourd'hui ce qui a contenu la vengeance du peuple, et jusqu'à ses murmures. Ainsi l'histoire rencontrera des faits dont elle ne pourra assigner la cause, puisque les contemporains et les témoins de ces singuliers événemens ne peuvent en rendre un compte fidèle.

Chapitre CLVI.

Point de vue.

Je suis intarissable, dira-t-on, quand il s'agit de mes chers badauds : mais mille plumes, mille volumes ne suffi-roient pas pour les peindre, tant ils sont curieux, changeans, inconcevables.

Leur caractère est un labyrinthe où l'observateur se perd.

Le crayon le plus rapide ne peut suivre qu'imparfaitement les nuances mobiles et fugitives de leur physionomie.

Est-ce une réalité, est-ce une chi-mère ?

Prenons un point de vue :

J'aime le Parisien, disoit l'empereur *Julien*, parce qu'il est grave et sérieux comme moi.

Le Parisien est changé depuis cette époque. Il est vrai que le même empereur vante aussi la bonté du vin que produit le territoire de *Lutèce :* et il faut convenir que s'il falloit juger d'un éloge par l'autre, on seroit tenté de prendre le tout pour une ironie.

Mais tout change ici bas; et la même terre qui produisoit jadis les héros, ne voit naître aujourd'hui que des castrats. Les Romains du dix-huitième siècle ne ressemblent pas plus aux contemporains de *Scipion*, que les Parisiens modernes ne ressemblent à ceux que peignoit l'empereur *Julien*.

Le portrait qu'il fait des habitans d'Antioche leur conviendroit beaucoup mieux.

Ces hommes, jadis si sérieux, ne sont plus que des marionnettes légères entre les mains de quelques charlatans.

Naguères, ils souffroient patiemment le joug, égayoient leurs chaînes par des chansons; ils avoient toutes les qualités nécessaires pour faire de *bons* et *dociles* *sujets*: maintenant ils ne sont que des mutins, toujours prêts à changer de gouvernement.

Depuis six ans qu'on leur parle de liberté, ils en sont aussi instruits, que le sont en astronomie ces Indiens qui pensent que la nuit est produite par une montagne qui se place entre le soleil et la terre.

On leur parle de souveraineté du peuple, et ils se croyent les maîtres de la terre.

Il n'y a pas de barbier, de commis, d'avocat, qui, ayant eu l'honneur de présider sa section, ne se croie le rival de Georges III; et celui de Turenne, s'il a commandé un poste aux barrières. Leurs regards ne s'étendent pas plus loin que l'enceinte de leurs murs. Ils pensent que l'univers est sur les bords de la

Seine; ou que du moins ceux qui habitent ses rives fortunées, composent une
caste privilégiée, dont le reste de la France
doit recevoir les lois.

Robinson se croyoit un grand monarque dans son île; mais Robinson
trouvoit de quoi s'y nourrir; son travail
lui procuroit l'abondance.

Si ces fous n'étoient que ridicules,
on pourroit en rire; mais les suites de
leur extravagance sont affreuses, et il
faut les arrêter.

Leurs théâtres sectionnaires ressemblent à celui de Shakspeare, où des
scenes burlesques se trouvent à côté de
scènes tragiques.

Que la vanité fasse tourner la tête à
quelques individus, c'est un accident
très-commun auquel il ne nous est pas
possible de remédier : mais que tout-à-
coup soixante ou quatre-vingts ambitieux
s'avisent d'extravaguer, et d'entraîner
tout un peuple dans le tourbillon de leur

délire, c'est un malheur que nous devons tâcher de prévenir.

Nous devons éclairer le peuple sur les desseins de ses agitateurs; nous devons lui répéter sans cesse que la souveraineté appartient à la nation, et non pas aux sections de Paris.

Le charbonnier de Londres, le paysan de Suisse, le chasseur Américain, connoissent mieux leurs droits, et savent mieux en raisonner, que certains Académiciens qui perorent aujourd'hui dans les sections.

On dit cependant que les souverains de Paris sont gens de bonne composition, et qu'ils abdiqueroient volontiers leur souveraineté en faveur d'un *Bourbon* ou d'un *Brunsvick*, moyennant quelques titres modestes, de secrétaires du roi, d'avocats du roi, d'échevins de Paris, de lieutenant de police, de jettons et de pensions. Je le crois.

Peuple malheureux! ouvres donc les yeux sur les projets de tous ces jongleurs,

de tous ces anarchistes, babouvistes,
qui prolongent la guerre et la famine
aux dépens de ta bonne foi; écoute la
voix de tes législateurs qui veulent ra-
mener avec la paix, l'abondance, et avec
un gouvernement, la liberté que tu
chéris, mais dont on abuse contre toi.

CHAPITRE CLVII.

Fouquier - Tinville.

Pour donner un libre cours à ses attentats, ce n'étoit pas assez que Robespierre fût puissant, et soutenu même par une municipalité audacieuse; il falloit encore qu'il rencontrât une ame atroce et docile, un de ces hommes qui se font avec orgueil, valets de tyrannie, et à qui les crimes ne coûtent rien: le blême Dictateur rencontra Fouquier-Tinville, ancien procureur au Châtelet, et se l'attacha: jamais association entre les héros du crime ne fut plus égale.

Si une sage prévoyance eût enseveli dans un oubli éternel, l'histoire des révolutions des empires, l'hypocrite Robespierre, peut-être n'eût pas, comme César, aspiré à la dictature ; et l'horrible Fouquier-Tinville, prenant pour modèle le confident de Néron, n'auroit point perfectionné la science de l'accusation.

Exista-t-il un homme d'un esprit plus profondément artificieux, plus habile à supposer le crime, à controuver des faits ? Chacune de ses paroles étoit un piége que l'accusé ne pouvoit prévoir ni éviter ; elles enchaînoient sa langue et sa pensée. En vain une épouse en pleurs, le conjuroit à deux genoux d'entendre jusqu'à la fin la justification de son mari, le tigre, sourd aux accens de la douleur, prononçoit fermement la condamnation de l'innocent.

La justice, lente à punir, a saisi enfin cet accusateur inique ; il montre dans ses interrogatoires, une présence d'esprit imperturbable. Placé sur le premier gradin au tribunal où il avoit condamné tant d'innocens, deux gros cartons lui servoient de pupître. Il écrivoit sans cesse, et sa plume sembloit suivre la parole. Tout en écrivant, pas un seul mot soit du président, soit d'un accusé, d'un témoin, d'un juge ou de l'accusateur public ne lui échappoit. Il étoit comme l'Argus de la fable, tout yeux et tout oreilles. Son attention dans le cours de cette longue affaire ne parut pas se relâcher d'une minute : il est vrai qu'il affecta de sommeiller pendant le résumé de l'accusateur public , mais ce sommeil simulé n'étoit que pour donner le change aux spectateurs. Il vouloit avoir l'air calme, lorsque déjà l'enfer étoit dans son cœur.

Son regard fixe faisoit malgré soi baisser les yeux: lorsqu'il s'apprêtoit à parler, il fronçoit le sourcil, et plissoit le front. Sa voix étoit haute, rude et menaçante ; elle passoit soudainement de l'aigu au grave, et du grave au ton le plus rémisse. Il s'écoutoit parler quand il proposoit une question. On ne pouvoit mettre plus d'assurance dans les dénégations, plus d'adresse à dénaturer les faits, à les isoler, et sur-tout à placer à propos un *Alibi*. Quand un juge lui présentoit un jugement en blanc signé de sa main, il nioit d'une voix ferme sa signature, et ne trembloit pas devant le témoin accusateur. Lorsque la preuve étoit péremptoire, il couvroit tout l'auditoire d'épouvantables rugissemens. L'imposture, l'audace, l'opiniâtreté, la colère étoient les seules armes qu'il opposoit à la puissance de la vérité; toutes les passions criminelles s'échappoient à la fois du fond de sa conscience, et le mettoient, pour ainsi dire, à jour aux yeux des spectateurs.

Ce monstre à figure humaine avoit la tête ronde, les cheveux noirs et unis, le front étroit et blème, les yeux chatoyans, ronds et petits, le visage plein et grêlé, le regard tantôt fixe, tantôt oblique, la taille moyenne, la jambe assez forte.

Sous le règne sanguinaire de ce second dictateur, nous ne pouvions plus appeler la patrie notre mère; elle n'étoit que le tombeau de ses enfans. Pas un être, excepté celui qui avoit mis sous les pieds toute espèce de sentiment, qu'on y vît sourire une seule fois. Des familles entières passoient les jours et les nuits à pleurer, à gémir, à trembler, dans l'attente des satellites que ce tyran relançoit dans les maisons opulentes.

Ceux qui ont heureusement échappé à son pouvoir tyrannique l'ont à leur tour vu dans le tombereau qui l'a conduit au supplice. Les vastes degrés du Palais de justice étoient couverts d'une foule immense de spectateurs qui, au premier aspect de ce grand coupable, jetèrent un cri unanime d'indignation. Leurs voix accusatrices furent autant de flèches qui frappèrent à la fois sa poitrine découverte. Son front impénétrable comme le marbre défia tous les regards; on le vit même sourire et proférer des paroles menaçantes. Mais au pied de l'échafaud, lorsqu'il sentit les serres de la mort, il parut ne comprendre qu'en ce moment terrible qu'il étoit coupable. Ce terroriste sans entrailles trembla à son tour sous le glaive impitoyable; et sa vie s'éteignit dans le sang du panier où étoient déjà les têtes de *Benoît de Foucault*, de *Duponnier* et de *Dix-Août*, ministres de sa barbarie.

Chapitre CLVIII.

Salpêtre.

Toutes les puissances coalisées vouloient la ruine, le partage ou le démembrement de la France. On avoit des bras, du fer et du courage; mais la poudre, pour le service des armées, manquoit; on n'avoit pas même les matières premières: mais que de ressources n'offre point une ville populeuse dont le sol recéloit depuis tant de siècles les débris de tous les élémens terrestres et putréfiables. Tout-à-coup, chaque particulier descend dans sa cave, en fouille le terrein; dans toutes les cuisines, on soulève les pavés, on enlève les cendres des foyers; on cherche dans toutes les décombres pour en extraire les terres imprégnées de salpêtre ; on lèche, pour ainsi dire, chaque mur ; et tout ce qui porte le goût de sel est enlevé pour la fabrication révolutionnaire ; elle fut prompte, elle fut universelle : l'opération se fit dans toutes les maisons ; elle se fit avec zèle ; toutes les terres furent remuées, et des milliers de pelles amenoient le sol humide aux rayons du soleil.

Cette opération qui ne pouvoit être imaginée, ou du moins exécutée que dans les tems révolutionnaires où l'on se trouvoit alors, a empêché la France de tomber au pouvoir de l'étranger.

Qui l'eût dit, que les caves de Paris recéloient dans leur sein de quoi repousser la ligue des rois ?

Chaque citoyen travailla avec un zèle infatigable ; c'est qu'il sentit la nécessité de la mesure : personne ne cria à la vexation, parce que lorsqu'on ne peut se sauver que par une opération hardie, elle est toujours adoptée et sentie. On vit sur les portes dans plusieurs quartiers de Paris, des inscriptions qui subsistèrent plus d'un an, et qui étoient conçues en ces termes : „ Pour donner la mort „ aux tyrans, les citoyens logés dans „ cette maison, ont fourni leur contingent „ de salpêtre. "

Chapitre CLIX.

Le peuple plus friand qu'autrefois.

Du moment qu'un simple ouvrier à pu gagner dans la force du papier-monnoie, deux cents écus par jour, il s'est habitué à dîner chez le restaurateur; il a laissé le chou au lard de côté pour la poularde au cresson; il a renoncé à la pinte d'étain, même la grande, pour la bouteille cachetée, à 40 sols. Il lui a encore fallu régulièrement la tasse de café et le petit verre. La bonne chère le rendit insolent, paresseux, libertin, avide et gourmand.

Les autres classes plus relevées de la société ont par conséquent surpassé de beaucoup la gourmandise de la pleb. La vente des vins des émigrés a multiplié les gourmets. Les secrétaires bourrés d'assignats ont permis même au plus mince commis, de savourer le vin de l'hermitage ; et le garçon perruquier n'est plus le seul parmi ses égaux qui puisse se vanter d'avoir goûté le Madère délicieux.

Les cuisiniers des princes, des conseillers aux parlemens, des cardinaux, des chanoines et des fermiers - généraux, n'ont pas resté long-tems inactifs après l'émigration des imitateurs d'Apicius. Ils se sont fait restaurateurs, et ont annoncé qu'ils alloient professer et pratiquer pour tout payant la *science de la gueule*, comme dit Montaigne.

L'agiot qui éventa , quoiqu'un peu trop tard, le secret de la fabrique du papier-monnoie, pour faire reparoître l'argent, afin de l'acheter avec du papier-*zéro*, donna naissance à cette foule de vers-luisans ou nouveaux enrichis, dont la gourmandise l'emporta sur celle des chanoines.

N 3

Ce sont ces êtres de *paille*, de *foin*, d'*avoine* et de *farine* qui ont remis en vogue les soupers fins ; et les cuisiniers ont aussi redoublé de rafinement pour rendre à leur état toute son importance et toute sa dignité.

Ce fut un titre de noblesse au milieu de la famine d'avoir une table couverte de mets les plus recherchés, des primeurs de toutes les saisons, et d'y étaler un pain blanc comme neige, tandis que la populace se morfondoit les nuits, pour arracher au péril de sa vie, une once de pain d'avoine.

Aujourd'hui, que la République est fondée sur les bases de l'égalité, c'est encore à la faveur de dîners splendides que l'intrigue arrive aux postes les plus éminens.

Chapitre CLX.

Entrepreneurs du service des armées.

On trouve parmi eux des hommes de chicane, d'anciens procureurs, des juifs, des laquais et autres gens de cette farine, qui ayant su prévoir de loin le discrédit du papier-monnoie, l'ont reçu de toutes mains dans la vigueur de sa jeunesse; puis, avec ce papier-monnoie ont accaparé toutes les marchandises; puis, par le jeu savant de la hausse et de la baisse ont fait la râfle des écus et des louis; puis, fiers de leurs nouvelles richesses, ont formé des associations, se sont présentés pardevant les ministres et leur ont proposé l'entreprise du service des différentes armées de la République. Ils n'ont pas eu de peine à se procurer des marchés *), en y intéressant certains députés, certains chefs de bureaux à langue dorée; ils ont obtenu de fortes avances pour les mettre à même de payer leurs fournisseurs; mais ils ont eu l'adresse de garder les fonds qui alors étoient presque toujours faits en numéraire, et ils les ont fait valoir en achetant avec ces fonds au

---

*) Quand ils eurent négocié leurs marchés onéreux, ils exigèrent de fortes avances avant de rien fournir; ils les obtinrent, et trouvèrent une partie des magazins, dont on n'eut pas le tems de finir les inventaires, pourvus de denrées et de tous les autres objets de consommation, lors de leur entrée en exercice. Ils les distribuèrent donc sans bourse délier aux parties prenantes dont ils reçurent *les bons*, qu'ils représentèrent, et par cette manoeuvre subtile firent des gains immenses au préjudice de la chose publique. Aujourd'hui ces superbes traitans se plaignent d'éprouver des retards dans leurs payemens; et pour narguer le gouvernement, cessent leurs fournitures et compromettent le salut des armées.

meilleur marché possible du papier sur la place; et ils ont payé en mandats les fournisseurs, et par conséquent fait des bénéfices immenses de l'argent de la trésorerie. Celui gagné de longue main, avant d'entrer en exercice, leur a servi également à raréfier le mandat et à le revendre quand il haussoit; ensuite ils se sont vantés d'alimenter le service sans recevoir un sol du gouvernement: comme s'ils avoient pu empêcher de comprendre qu'ils s'étoient dextérément mis en mesure de faire face aux besoins courans, avec les derniers louis arrachés à l'économie de l'indigent par la doctrine de l'agiotage.

Tout l'argent du trésor public s'engouffre dans les coffres-forts de ces traitans avides, qui sans cesse en assiégent les portes; qui sans cesse se plaignent; qui sans cesse demandent; qui bien souvent disparoissent avec les deniers de l'état, sans qu'on n'entende plus parler d'eux.

Aussi les fournisseurs mal payés, ou point payés, ont-ils toujours fourni des denrées avariées et de mauvais aloi. Le soldat a nombre de fois été plusieurs jours sans manger de pain, sans recevoir de viande : il a offert le spectacle affligeant de la plus hideuse nudité : on lui a délivré des souliers dont les semelles étoient faites de carton, ou déguisées avec de la tôle. Les malades languissans sont morts sans secours dans les hôpitaux dépourvus de médicamens ; ou si par la force du tempérament quelques-uns ont surmonté la violence de la maladie, à peine, en rejoignant leurs corps, ont-ils trouvé à l'étape un morceau de pain, qui dévoré avec avidité les étouffoit sans calmer leur faim. On a donné aux chevaux des bottes de roseaux de marécage pour du foin : et même on fut obligé, dans la disette constante du fourage, de balayer la neige qui recouvroit l'herbe des prairies, pour leur laisser tondre quelques pointes d'herbes incapables de prolonger leur existence: et les chevaux périssant par milliers jonchoient les chemins de leurs cadavres *).

Et ce sont les auteurs de tant de maux qui dans les promenades publiques et aux jours de fêtes nationales, montent si orgueilleusement des chevaux d'appareil, nourris au préjudice des chevaux de combat. Ce sont-là les dévorateurs de la subsistance du peuple, qui dînent avec tant de splendeur et de sensualité, qui font les princes aux bals parés, à qui il ne tient pas d'avoir des pages au-devant de leurs brillantes voitures; ce sont-là ces fripons déhontés qui dans les borderaux de dépenses qu'ils produisent au gouvernement, intercalent avec audace de doubles emplois, dont le piége n'échappe à l'attention du vérificateur, que parce que, sans cesse sur ses

---

*) L'on a vu des dragons partager leur pain à leurs chevaux faute de fourage.

épaules et la montre à la main, ils
fixent le tems de son travail, afin de ne
point manquer l'heure du payement de
leurs mémoires.

Ce n'est-là qu'un petit coin soulevé du
rideau qui cache le ravage d'une guerre
épouvantable. Grand Dieu ! désillez
les yeux des aveugles mortels ; épanchez
sur leur cœur endurci les dernières larmes
de tant de mères privées de leurs enfans
morts dans les combats; faites cesser
l'étourdissement qui les emporte loin du
sentier de la raison. Il est tems que la
sagesse et l'humanité reprennent sur eux
leur empire; il est tems que chacun
se persuade cette vérité: qu'il est beau,
qu'il est utile de sacrifier la gloire au
salut de la patrie; que la science ma-
thématique de tuer les hommes, ne
vaut pas celle si simple de semer une
poignée de bled, de planter un arbre,
et de produire son semblable. Il est
tems que les hommes recommencent
à s'aimer; alors il ne sera plus néces-

saire de les contraindre à jurer d'être fidèles aux lois de leur pays ; alors la paix universelle planant sur toute la terre , la douce concorde règnera parmi ses heureux habitans.

Chapitre CLXI.

Promenades au Bois de Boulogne.

Toutes les femmes sont des Graces, des Junon, des Venus, des Calypso, des Eucharis; tous les hommes bientôt seront des Apollon et des Narcisse, des Endymion, des Antinoüs.

Sur le chemin du Bois de Boulogne, j'aperçois Daphné en cabriolet, qu'un coursier anglois emporte à Bagatelle. Vous diriez la carrière olympique; ce ne sont que chars à deux chevaux; ils volent parmi des torrens de poussière, à ce séjour de la folie.

Déjà mille lampions suspendus aux arbustes, l'ont transformé en palais de rubis, d'émeraudes de topas et de diamans.

Quel coup-d'œil! Armide habite ces ombrages; c'est sa baguette magique qui a créé ces objets étincelans; les flûtes des concerts soupirent, tandis que les amours se jouent dans les grottes mystérieuses.

Les fruits les plus exquis décorent les buffets du restaurateur-glacier; Pomone elle-même y dépose ses corbeilles; des glaces de toute couleur, et composées de l'essence parfumée, des citrons, des oranges, des ananas, sollicitent tous les goûts; c'est ici l'Olympe, c'est Garchi qui distille l'ambrosie: combien de Mars y sont conduits par leurs Venus, qui payent pour eux.

Mais, quelle lueur resplendissante illumine les airs? Est-ce l'empereur de la Chine qui voyage dans une lanterne? est-ce l'oiseau du maître du tonnerre qui enlève un lapin? Non; c'est une bombe lumineuse qui éclaire l'ascension d'une déesse inconnue: chacun applaudit avec transport. *Qu'elle est belle!* s'écrie-t-on de toutes parts; on tremble pour ses jours, on fait des vœux pour une tête **si** chère, on aspire à son retour ; enfin, au grand contentement des spectateurs, elle redescend avec une majestueuse lenteur dans son char attelé de colombes ; elle touche la terre ; on accourt, on se presse ; tous les regards se fixent sur ce charmant objet : que voit-on ? une poupée !

Un éclat de rire se fait entendre de l'assemblée un peu confuse ; elle se sépare au milieu d'une pluie d'or.

C'est ainsi que se passent les journées à Paris.

Bagatelle fut le rendez-vous de l'aristocratie la plus brillante. C'est-là qu'on battoit avec la langue toutes les armées de la République, qu'on baptisoit Bonaparte du nom de César-Dictateur, qu'on menaçoit d'un gouvernement militaire.

Capet de Provence et son épouse, plus heureux que Capet l'aîné, ont franchi la frontière ; on ne s'entretient-là que d'eux ; mais l'on fait entendre que l'ancien propriétaire de Bagatelle est si aimable, aime tant les filles et même les femmes honnêtes, qu'il est presque impossible que tant d'amabilité ne le conduise un jour au trône. On atteste que c'est-là le projet de Condé soutenu par Pichegru, par Courant-de-Neuf-Châtel, et le libraire Fauche-Borel.

Il faut apprendre aux lecteurs que j'ai beaucoup connu ces deux derniers personnages. Le premier est une espèce d'homme-des-bois, très-propre à un coup audacieux, comme presque tous les Suisses, risquant sa vie sans scrupule pour un grand coup-de-main. Le second est un fuseau discret sur lequel on pourroit étendre et nouer beaucoup de fil. La ville de Neuf-Châtel d'ailleurs est la ville du monde entier où il y a le plus d'hommes fins à acheter et à se vendre n'importe à qui.

———

IV. O

CHAPITRE CLXII.

La bouche va toujours.

Avez-vous entendu parler de l'*Adéphagie?* C'est un mot grec qui signifie *Déesse de la gourmandise.* Parmi et pendant les horreurs révolutionnaires, l'Adéphagie n'avoit rien perdu de son empire. Ses nombreux autels n'en furent pas moins dressés tout à côté de la Guillotine et des larges cimetières qu'encombroient les victimes. Le Parisien enfin n'en perdit pas un coup de dent.

C'est la grande bouche du peuple qui dans cette ville immense, vrai réservoir de puissance, fait sortir de tous les coffres, de toutes les cachettes les écus rouillés, quelque lente que soit la circulation ou la rareté du numéraire, les écus ensevelis depuis un siècle, et dont le magique pouvoir met en activité les moulins à vent, les tonneaux de vins, les bouchers et les cuisiniers de tous grades.

En vain l'écu semble dormir invisible au fond des coffres-forts, ou des caves les plus obscures, toujours faut-il qu'il en ressorte bel et beau pour l'ordonnance des tables et la somptuosité des festins.

Ils ont eu lieu tout à côté des comités où l'on prononçoit sur la vie et sur la mort des hommes. Après l'office des bourreaux, venoit celui des marmitons.

Sans la bouche, l'argent, dans ce siècle d'égoïsme renforcé, s'accumuleroit sourdement; la goinfrerie lui creuse une issue perpétuelle, et les Décemvirs eux-mêmes; qui rejetoient les plus fréquentes pétitions, étoient accueillans à l'invitation d'une table splendide.

La bouche, aimable solliciteuse, est de tous les conseillers le plus habile; elle peut, aussi impérieusement que l'argent, parler à l'oreille du brusque commis, et le rendre attentif.

Les victimes, dans les prisons, sacrifioient à l'estomac, et l'étroit guichet voyoit passer les viandes les plus exquises pour des hommes qui touchoient à leurs derniers repas, et qui ne l'ignoroient point.

Du fond d'un cachot, on faisoit un traité avec un restaurateur, et les articles étoient signés de part et d'autre avec des conditions particulières sur les primeurs.

On ne visitoit point un prisonnier sans lui apporter pour consolation la bouteille de Bordeaux, les liqueurs des îles et le plus délicat des pâtés.

De son côté le pâtissier, qui sait très-bien que la bouche va toujours, faisoit descendre ses cartes jusqu'au fond des prisons. Il promettoit de redoubler d'industrie. Rien n'égale la délicatesse de son art, dit l'annonce, les Ramequins et les Meringues, en attestant les progrès de son industrie, attesteront ceux de la friandise parisienne, libre ou prisonnière.

Sa boutique vitrée est devenue plus belle, mieux décorée; elle est aussi nette dans l'intérieur que celle du bijoutier. Les tartelettes et les brioches y sont rangées sous verre avec autant de symétrie, que des curiosités d'histoire naturelle. Il a fait une étude savante de tous les goûts, de tous les tempéramens.

Il faut qu'au coup-d'œil appétissant de ces pâtés d'ortolans et de ces tourtes aux rognons, l'étranger, le fournisseur, le nouveau millionnaire, le captif, par ouï-dire, fouillent à l'escarcelle. Qui le croira? Lorsque le sang couloit à grands flots, le pâtissier plus audacieux dans ses conceptions que l'Arétin, se mit à paîtrir la pâte en Priape, et à donner à des gâteaux la forme du sexe virginal. Tous les excès se touchent : jamais l'on ne vit plus de propension à la gourmandise, que dans ces jours de calamité et d'horreur ; j'en atteste les six prisons où j'ai été plongé.

Eh ! je ne m'en cache point, quand je me vis séparé du monde et de la société, je ne voulus pas mourir, pour laisser à mes bourreaux ce triomphe et cette satisfaction. Je voulus vivre pour voir la fin de ces singuliers événemens. Je déclarai à tous mes compagnons d'infortune, que je me constituois homme-plante, que je ne voulois être que cela ; je me fis une affaire capitale de mes quatre repas, ou plutôt d'un seul repas que je faisois du matin au soir, ne mangeant, comme les enfans, que lorsque j'avois faim. C'est avec ce régime que j'ai dompté l'ennui, le mauvais air, la solitude, et que je me suis mis en état d'attendre le grand jour de la justice nationale, et de voir tomber ces odieux tyrans, dont il m'étoit réservé de peindre la figure, les mœurs et le caractère.

Qui veut faire l'ange, fait la bête, a dit Pascal : bien m'a pris de n'avoir pas voulu faire l'ange. En conservant ma santé j'ai conservé mon esprit, et quoique les œuvres de prisons soient des œuvres de ténèbres, j'y retrouve des idées que je n'aurois point eues ailleurs, et qui me guident dans mes observations.

Chapitre CLXIII.

Capitaliste.

Ce mot, dans l'ancien régime, n'étoit guères connu qu'à Paris. Il désigne un monstre de fortune; un homme au cœur d'airain, qui n'a que des affections métalliques. Il n'a point de patrie: il est domicilié, sans être citoyen; et cet être isolé ne craint point que la fiscalité s'exerce sur son bien, qui est immense.

Parle-t-on de l'impôt territorial? il s'en moque: il ne possède pas un pouce de terre.

Chapitre CLXIV.

Cuisines publiques.

L'extrême disette de pain et le renchérissement toujours progressif des denrées mirent à la gène les ménages des gens mal-aisés, et sur-tout des nécessiteux. Néanmoins ils trouvèrent sur le Pont-au-change, de quoi appaiser le tourment de la faim. Des le milieu du quai de la Féraille, vers les 7 heures du soir, l'odeur forte du hareng saisit le nez le plus impénétrable.

Des deux côtés des trotoirs, il y a des cuisinières qui ne sont ni de la classe ni de la force de celles connues dans le tems que l'on dînoit à ventre déboutonné, sous le nom de cordons bleus.

Sur le bord d'une table *octogénaire*
sont disposées des assiettes, qui con-
tiennent chacune trois harengs grillés,
saupoudrés de ciboule, arrosés d'un peu
de vinaigre, le tout pour le billet de
quinze sols. A côté paroissent quelques
plats de pruneaux cuits et de lentilles
nageant dans une sauce claire. Des
terrines de feuilles vertes occupent le
milieu sous le nom de salades, et sollicitent les passans.

On les a vus rangés par centaines
autour de ces tables frugales, manger
sans pain, des portions beaucoup trop
modiques pour la capacité de leur estomac et pour la véhémence de leur appétit. L'un boit ses lentilles sans les
mâcher ; l'autre avale chaque hareng
d'une bouchée, sans s'inquiéter des
arêtes.

La place de Grève offre le même
spectacle à l'homme compâtissant et
qui ne peut le voir sans sentir des
pleurs rouler dans ses yeux.

Il gémit en secret sur les maux affreux que les guerres entraînent à leur suite; il maudit les factieux qui regorgeant d'or et d'alimens, affectent de manquer de tout, s'appitoyent sur le sort de l'indigent et l'excitent à la révolte; Il appréhende sans cesse que la cruelle famine sous l'aspect d'une *mort vivante,* n'apparoisse tout-à-coup au milieu d'un monceau de victimes.

Et cependant il décerne dans son cœur un éloge mérité à ces restaurateurs-gagne-petits, qui empêchent le malheureux de périr tout à fait de faim; bien différens de ces traiteurs-banquiers qui font une fortune de chacun des dîners de leurs nombreux convives.

Voyez le long des bâtimens du Louvre du côté de la Seine, ces frêles échappes dont les toîts sont à jour. C'est-là aussi que de laborieux Hercules, que beaucoup d'hommes de peine viennent calmer leur faim par un prix raisonnable. Des cordons de harengs enfilés qui sèchent au soleil, attendent le gril; c'est l'affaire du clin-d'œil; viande, boudins, œufs, merluches, tout se trouve mêlé dans le même plat; la marmite bout devant la boutique entre deux pierres, et est bientôt épuisée. L'appétit fait l'assaisonnement de ces mets vraiment Lacédémoniens. Ces auberges sont les vrais réfectoires de la sobriété. L'homme qui y prend son repas l'a gagné légitimement à la sueur de son front, et l'aubergiste qui en reçoit le prix, est un homme juste.

Je ne regarde pas du même œil l'égoïste qui, seul à une table, dîne au Palais-Royal pour 50 liv., ni le restaurateur opulent qui lui envoye la carte après le petit verre.

Il n'est pas impossible en réfléchissant sur une auberge, de deviner un bon plan d'économie, de finance et de morale.

L'homme laborieux dépense à proportion de son gain; et il économise, pour soutenir son ménage, sa femme et ses enfans; il paye tout à mesure, et ne doit rien. Mais tout est relatif. Il faudroit que chacun vécût selon son état; et tout iroit bien, et le gouvernement aussi.

Chapitre CLXV.

Bréviaire.

Que faisoit Louis Capet, le dernier roi des Français, pendant sa détention dans la tour du Temple? Il buvoit, dormoit, ou disoit son Bréviaire; on l'auroit pris pour le plus stoïque des philosophes, si l'on ne savoit pas qu'il étoit devenu très-dévot; il est sûr qu'il s'étoit nourri de plusieurs idées théologiques, et qu'il étoit peut-être le seul à sa cour qui eût ces idées-là. Plusieurs prêtres avoient exercé leur puissance mystique sur sa cervelle qui n'étoit pas déjà bien forte.

J'ai rencontré à la Force, dans une prison, Cléry, son valet de chambre, qui m'a conté plusieurs particularités. Il se vit enlever avec tranquillité toutes ses décorations, même son couteau; mais il fut très-sensible lorsqu'on lui enleva la pelle de son feu, et il en témoigna beaucoup de chagrin.

Pendant le retour de la salle de la Convention à la tour du Temple, lors de son second interrogatoire, il demanda à Chaumette de quel pays il étoit. — *Du département de la Nièvre. — C'est un pays enchanté. — Est-ce que vous y avez été? — Non, mais je me propose de faire mon tour de France en deux années, et d'en connoître toutes les beautés. —* Remarquant que le secrétaire-greffier avoit son chapeau sur la tête, dans la voiture, il lui dit en plaisantant : *La première fois que vous êtes venu me prendre, au Temple, vous aviez oublié votre chapeau : vous avez été plus soigneux aujourd'hui.*

Trahi par la noblesse, par ses deux frères, par Lafayette, sachant que le but étoit de faire déclarer ses enfans bâtards, après lui avoir ôté la couronne, il est bien étonnant qu'il eût accédé à un projet de fuite injustifiable sous tous les rapports. On répond qu'il étoit encore dans l'ignorance de toutes ces trames; mais lorsqu'il fut éclairé, comment ne devint-il pas sincèrement et pleinement constitutionnel?

C'est donc le Bréviaire qui le consoloit de la perte de toutes ses grandeurs.

Il n'est pas étonnant qu'après sa mort des prêtres en ayent voulu faire un martyr. On a long-tems distribué des reliquaires où étoient de ses cheveux, vrais ou supposés; les fripons les ont vendus aux imbécilles; et dans les confessionaux ce fut un cas réservé que d'avoir assisté à son supplice. Au moment où j'écris, j'en crois à peine mes yeux, je viens de voir à la porte d'une église de Paris, descendre douze à quinze confessionaux rebatis à neuf. J'ai reculé de surprise à la vue de cette artillerie papale; chacune de ces boîtes à tartuffe,

m'écriai-je, est une pièce de canon prête
à tirer contre le gouvernement républicain. La prédication sacerdotale est déjà
une guerre ouverte; on peut en prévoir
et en arrêter les effets: mais la confes-
sion!..... qui peut en calculer les suites
clandestinement désastreuses?

Plusieurs marchands de livres m'ont
attesté qu'on recherchoit les Bréviaires,
et qu'on les achetoit avec une sorte
d'empressement. Délivrés des Capucins,
des Pic-pus, des Minimes, des Chartreux,
des Moines-déchaux, avec ou sans barbe,
des Prieurs, des Chanoines, des Abbés,
nous disions: „Un petit nombre d'heures
de travail suffira, si tout le monde travaille, pour faire désormais de la France
une vraie Utopie; et voici qu'on lit à
Paris le Bréviaire comme par le passé, et
mieux que par le passé, car ceux qui le
lisent n'en font plus le semblant.

Les Bréviaires, les Missels vont dans
les départemens et en Allemagne: tandis
que nos romans abominables, et dont

IV.   P

l'Espagne n'avoit jamais entendu parler, y passent : ainsi vingt années suffisent quelquefois pour changer entièrement la face d'un empire ; si les Espagnols lisent nos livres, tant bons que mauvais, ils seront nos imitateurs et nos émules.

Que d'événemens se sont succédés depuis 1789, jusqu'en 1797, inconnus, inobservés, inouis, malgré tant d'écrits ; quel spectacle dérobé à l'histoire ; que d'idées nouvelles sur l'extravagance et la perversité de l'homme !

Chapitre CLXVI.

Cuisinier super-fin.

Comme l'on mange à Paris, la meilleure chère ailleurs ne vaut pas un dîner de *Méot*, chaud, prompt, bien fait; on choisit ses mets sur une liste de cent plats; liste imprimée avec l'importance la plus soignée; beau sallon doré, sculpté, théâtral; pyramides de beaux fruits; odeur succulente qui se répand à la ronde, et qui vous donneroit de l'appétit, si vous n'en aviez pas. Au grand bureau, deux dames de bel aspect président à la police, et plus encore à la recette.

C'est-là qu'on dîne en homme heureux; mais le dîner est fort cher: on diroit que le taux des comestibles fait la règle pour tous les autres restaurateurs, tant ils se modèlent sur le prix le plus relevé. C'est dans ces sallons que l'on retrouve à droite et à gauche le Français sociable et liant. De-là on va à l'Opéra entendre *Oedipe à Colonne* et voir le ballet de *Psyché*, ce ballet, étonnant assemblage de tous les efforts de l'art; on en sort étourdi d'admiration et de plaisir : chose inconcevable! jamais dans les tems les plus heureux, le Français, ni aucun peuple quelconque ne s'est porté avec plus de fureur au spectacle. L'Opéra commence à six heures; dès trois heures le peuple assiége les portes : autre chose inconcevable! ce peuple sans frein, impétueux, fougueux, se range avec une patiente tranquillité sur de petits bancs étroits, incommodes, où l'on se trouve gêné, à moitié dans l'obscurité; il est paisible, et cause tout bas.

On applaudit avec transport à des scènes de tendresse délicieuse, qui excitent ou inspirent la bonté. Tous les cœurs tressaillent alors de plaisir, tous les yeux se remplissent de larmes, tous les auditeurs éprouvent les mêmes sensations.

Sont-ce là réellement ces mêmes Parisiens, qui par milliers ont agi en tigres féroces, tandis que les autres se sont laissé incarcérer comme des moutons destinés à la boucherie? Est-ce bien sur le même pavé qui conduit à ces spectacles brillans, qu'ont roulé ces charretées de soixante à soixante-dix victimes, où l'on ne séparoit point le mari d'avec sa femme, la mère d'avec son fils, l'ami d'avec son ami?

L'on a cru chez l'étranger qu'après l'épouvantable lutte dont nous avons été les déplorables instrumens, qu'après tant de sang versé, nous étions plongés dans la misère, dans une agitation anarchique, excitant la pitié, non-seulement hors d'état d'avoir des théâtres qui supposent les circonstances florissantes, mais l'on se demandoit si nous pouvions rire un seul instant. Et c'est à cette époque que l'on a vu renaître le théâtre du Vaudeville: le fonds de ses petites pièces est peu de chose; mais elles sont si jolies, si piquantes, si bien jouées, que même dans ce genre subalterne et secondaire, on reconnoît la nation qui continue à laisser les autres derrière elle, dans la carrière dramatique; non peut-être par des ouvrages de génie, mais par l'esprit et la gaîté dont elle assaisonne ses productions.

Et sur le sol de tant de plaisirs, on cherche à réunir les élémens infernaux de la fameuse société-mère de Paris; on sème le germe des orages révolutionnaires qui ont désolé la France, on veut ressusciter l'anarchie sanglante.

Plus on considère cette ville, plus on y voit une bigarrure, un mélange inouï de caractères; et l'on peut affirmer que ce ne sont point les lois, mais les hommes qui règnent, car toutes les lois prennent la teinte et la physionomie de ceux qui exécutent: on y est donc régi, à la lettre, par les individus. Ce qu'il y a de plus important, c'est donc le choix des hommes: on en a vu se complaire aux horreurs barbares de l'injustice, de l'oppression, du meurtre, de la destruction: on en a vu d'autres, déployer dans ces époques terribles tout ce que la bienfaisance, la compassion peuvent inspirer de plus magnanime, et ne connoître que les passions vertueuses.

Chapitre CLXVII.

Tivoli.

J'allai hier à *Tivoli;* non pas le *Tivoli* où Horace alloit accorder sa lyre et son imagination, où Properce composoit ses jolis vers, et rèvoit à côté de sa belle Cynthie ; non pas le *Tivoli,* où du milieu des plus riantes verdures, un fleuve impétueux s'élance et se divise en cinq fleuves, qui, par cinq routes différentes, ou jaillissent, ou coulent, ou se précipitent:

> *Me neque tam patiens Lacedemon,*
> *Nec tam Larissae percussit campus opimae,*
> *Quam domus Albuneae resonantis,*
> *Et praeceps Anio, et Tiburni lacus, et unda*
> *Mobilibus pomaria rivis!*

Encore une fois, ce n'est pas le Tivoli aux charmantes *Cascatelles*, qu'on doit voir encore aujourd'hui, après avoir passé sous les arbres les plus rians, à travers les mûriers, les figuiers, les grénadiers et les platanes ; c'est le Tivoli, non d'Italie, mais de la rue *St.-Lazare*, connu ci-devant sous le nom de *Folie-Boutin*. Quelle différence ! Là, on foule les gazons les plus verds, les fleurs les plus odorantes ; ici, on foule un pavé fort sec, ou quelques ordures fort dégoûtantes. Là, on entend dans les bois voisins les concerts de mille oiseaux, on voit sur le sommet des montagnes, des troupeaux qui paissent et bondissent ; ici, on voit des cheminées blanchâtres et des clochers découronnés, on entend les cris de la misère et les juremens des cochers de fiacres.

Avez-vous vu le temple de Vesta et celui de la Sybille ? — Non. — Avez-vous vu ces belles colonnes qui penchent sur l'abîme ? — Non. — La grande cascade et la grotte de Neptune, ces rochers pendans , ces grottes sauvages, ces arbustes si verds, ces gazons si fleuris?.... — Non, non.

Mais j'ai vu des allées garnies de deux rangs de chaises, éclairées par des lampions jaunâtres, occupées par des femmes en *spincer*, qui s'amusoient en bâillant, et par des jeunes gens couverts de sacs, qui s'ennuyoient en étouffant de rire.

J'ai vu un temple de huit pieds de large, et de douze pieds de haut, illuminé en feux de couleur; j'ai vu un feu d'artifice bien servi , mais trop promptement terminé; j'ai vu une danse composée de quatre personnes sous une tente qui en pouvoit contenir cent.

J'ai entendu le bruit d'une douzaine d'instrumens, qui changeoient de place sans changer leur monotone symphonie.

J'ai entendu discuter les droits de la guerre et de la paix, au milieu d'une foule de hannetons , qui venoient se heurter contre les graves dissertateurs.

J'ai entendu louer les délices de *Bagatelle* et blâmer les plaisirs de *Tivoli*.

J'ai entendu regretter un affreux régime , où pour tout spectacle , nous étions réduits aux exécutions de la place de la Révolution... — Que diable ! vous n'avez rien vu ni entendu de bien agréable ! vous n'avez pas dû vous amuser. — Je vous demande pardon ; je me suis amusé ; j'ai vu même des choses très-agréables , et j'en ai entendu qui ne l'étoient pas moins. C'est ce nom de Tivoli , qui a failli tout gâter ; ce nom m'a rappelé tant de souvenirs , qu'il m'a forcé de faire des comparaisons : elles n'étoient pas à l'avantage du Tivoli français. J'ai donc commencé ma promenade avec beaucoup de prévention ; qui peut se flatter d'en être exempt ? mais tous ceux dont elle règle le jugement ne sont pas disposés à l'avouer aussi franchement.

Peu à peu le nuage s'est dissipé. J'ai oublié l'Italie, Properce et les Cascatelles ; et j'ai vu ce que je devois voir, c'est-à-dire, un superbe jardin anglais, où

Sans contrainte et sans art, de ses douces pré-
    mices,
La nature épuisa les plus pures délices ;
Des plaines, des côteaux le mélange charmant,
Les ondes à leur choix errantes mollement,
Des sentiers sinueux les routes indécises,
Le désordre enchanteur, les piquantes surprises ;
Des aspects où les yeux hésitoient à choisir,
Varioient, suspendoient, prolongeoient leur
    plaisir.
Sur l'émail velouté de la fraîche verdure,
Mille arbres, de ces lieux ondoyante parure,
Charme de l'odorat, du goût et des regards,
Elégamment groupés, négligemment épars,
Se fuyoient, s'approchoient, quelquefois à ma
    vue
Ouvroient dans le lointain une scène imprévue ;
Ou tombant jusqu'à terre et recourbant leurs
    bras,
Venoient d'un doux obstacle embarrasser nos
    pas.

A cette description, dont il est permis de rabattre quelque chose sans faire tort à la beauté réelle du lieu, vous pouvez ajouter celle d'une troupe folâtre de Graces et d'Amours, courant, voltigeant, jouant à tous les jeux connus à Cythère; de cette double haye de jolies femmes regardant, regardées, décemment voilées, sans rien dérober aux regards, censurant sans amertume la parure de la modeste bourgeoise, qui passoit devant elles sans turban et sans *spincer*.

Les voilà, ces légers papillons, dont la ridicule parure ne sauroit déguiser l'élégance, mais non plus désarmer la critique, animant ce tableau par leur gaîté bruyante; parlant, avec une égale inattention, de leurs chevaux et de leurs maîtresses, de Bonaparte et de Bagatelle, des plaisirs de leurs derniers soupers et des soucis du Directoire, du ballet de Psyché et des horreurs de la guerre!... âge heureux!

L'un d'eux disoit à son camarade : *Il n'y a personne ici.* — *Tu es fou,* lui répondit l'autre ; *j'ai compté plus de 800 jolies femmes.* — *Ah !* répliqua le premier, *c'est que je n'ai pas rencontré celle que j'y cherche.*

Chapitre CLXVIII.

Têtes poudrées.

L'on consomme en France autant de bled en poudre inutile, qu'il en faudroit pour nourrir le plus grand de nos départemens. Chacun peut aisément vérifier ce calcul. On diroit que la chevelure est une nudité parmi nous, puisqu'il est des hommes qui aimeroient mieux endurer la faim, que de se montrer en public sans poudre.

C'étoit bien l'occasion, lorsqu'on avoit proscrit tant d'autres usages, de proscrire un usage aussi bizarre ; les Jacobins avoient beau jeu pour représenter : que la substance la plus nécessaire aux hommes, ne devoit pas être ainsi profanée ;

que tel homme, tel aristocrate dépensoit en farine autant pour ses cheveux, que pour son estomac: c'étoit un luxe ridicule; et il falloit arrêter cette épidémie, universelle en Europe, et qui avoit déjà franchi l'océan.

Les Jacobins se dépoudrèrent; mais ils affectoient d'ailleurs une si grande malpropreté, que le sacrifice en devint invisible.

Mais ils eurent tant d'adversaires, qu'on affecta de se poudrer pour contraster avec eux. Le chef lui-même, Robespierre, étoit toujours coîffé et poudré, et voilà pourquoi l'on ne fut pas criminel de lèze-Robespierrisme en suivant l'ancien luxe.

Ceux qui le détestoient, prirent occasion de répudier la poudre; et sans être Jacobins, ils en adoptèrent le costume, par économie de tems, et par raison de santé.

S'il n'y a rien de plus salubre que de se laver chaque jour la tête, les cheveux courts et sans poudre doivent prévaloir.

On n'en a point fait un signal de discorde et de division; chacun suit son goût à cet égard; on se présente poudré et non poudré, la tolérance est entière.

Un Français qui sait observer et peindre, après avoir établi la différence de l'Europe moderne et de l'Europe ancienne, a conclu d'une manière très-convaincante, que sans une révolution du globe, il étoit désormais impossible que l'espèce humaine rentrât dans la barbarie: il n'a manqué aux Jacobins que de faire guillotiner ceux qui mettoient de la poudre, comme ils avoient fait guillotiner les fermiers-généraux, pour avoir mis de l'eau dans le tabac; mais, puisqu'ils ne l'ont pas fait, c'est une marque qui confirme l'observation qui vient d'être faite, et que nous ne pouvons pas être tous détruits par des comités de salut public et de sureté générale; c'est ce qu'il falloit démontrer.

IV.   Q

Chapitre CLXIX.

Monnoie de cuivre.

Les gros sols provenant des cloches, sortent du fond des vieux sacs dépositaire de l'économie et de la prévoyance domestique. Ils vont charger les poches des laitières, des vendeuses de choux et de carottes, et des marchands de beurre. Le commerce des gros sols s'est établi. Heureuses les cuisinières et servantes qui demeurent aux environs du Perron du Palais-Royal; en allant à la Halle ou au marché, elles changent leur écu de six livres, et gagnent jusqu'à quatre et cinq sols, ce qui ne les empêche pas de ferrer la mule.

Les harpagons ne donnent que des gros sols à leurs servantes; celles-ci s'en offensent et reclament des poches neuves à cause du poids. Ainsi l'airain qui dans les airs assourdissoit nos oreilles, appesantit aujourd'hui nos sacs, et dans tout payement il figure en décuplant la pesanteur de l'argent. Voyez cet homme qui marche tout courbé; il est comme le Corrège qui mourut pour avoir porté des sacs de monnoie de cuivre que des moines avares lui avoient donnés pour des tableaux devenus si précieux qu'ils ne se vendent pas même au poids de l'or.

Chapitre CLXX.

Aperçus physiques et moraux.

La grande cité peut être comparée à un grand pays, et ses différentes sections sont autant de provinces dont les habitans ont leur physionomie propre, leur caractère particulier, leur genre de beauté ou de laideur, leurs maladies, leurs préjugés, leurs penchans, leurs habitudes et leurs usages.

C'est sur-tout sous l'empire absolu de la religion catholique que ces nuances étoient plus faciles à saisir; car les prêtres par l'ascendant de leur morale, ou la diversité de leurs opinions, amollissoient les têtes des invidus presqu'en naissant, et les paîtrissoient comme de la cire.

Par exemple : vouloit-on voir des minois saintement Jansénistes, des Magdelaines pénitentes, des harpagons à faces blêmes, des usuriers retirés, marchant à pas comptés, de peur d'user leurs souliers ? l'église St. - Etienne - du - Mont offroit un grand nombre de pareils originaux.

Vous transportiez - vous à l'abbaye St.-Germain ? Là, vous ne trouviez point de ces fronts sévères qui se plissoient à l'aspect d'un ruban ou d'un portrait en médaillon ; vous étiez dans le séjour des Bénédictins, frais, gras et pas tout studieux. C'étoit la vraie cour d'amour, le rendez - vous assidu de la voltigeante jeunesse ; là, l'odeur de leurs bouquets de roses se marioit à celle de l'encens. L'orgue par ses sons variés et harmonieux appeloit le sourire sur toutes les lèvres ; il donnoit au chant des filles une sorte d'exaltation qui les rendoit plus belles et plus piquantes. Enfin il sembloit que leurs yeux réflettoient l'air jovial des Moines à triples mentons; et si tant de jolis enfans-Cupidons se ressembloient entre eux, en voyant ces bienheureux pères, on en devinoit sans peine la cause *).

Quel contraste dans la paroisse voisine! L'austère Sulpicien imprimoit à ses prosélytes son air rude et farouche. Pas un visage de jeune fille ou de jeune garçon que la peur du confessional ne rendît triste, inquiet, maigre, morose et pleureur. Pas un homme fait qui osât seul affronter les ténèbres, qui ne tremblât d'y rencontrer le diable, ou de voir l'enfer s'entr'ouvrir sous ses pas. La noblesse, si nombreuse sur cette paroisse, renforçoit la fausse dévotion pour mieux dominer ses esclaves; c'étoit pré-

---

*) Ce temple de Venus, est maintenant un attelier de salpêtre.

cisément autour d'elle que pulluloient les hypocrites, les fourbes, les menteurs et les fripons. Le curé sycophante qui avoit refusé d'enterrer Voltaire, se préparoit à marchander la sépulture à tout écrivain.

A St.-Médard, le fanatisme armoit de ses torches incendiaires des hommes d'autant plus crédules, d'autant plus superstitieux, qu'ils étoient plus ignorans. Aussi, c'est de ce redoutable faubourg que se sont élancés les forcenés qui ont bu avec délectation le sang humain.

D'autres églises étoient, pour ainsi dire, les climats du luxe de la capitale. Dans celle des Quinze-vingts se réunissoient les fermiers-généraux, les agens de change, les commis des finances. Superbes comme des paons, ils étinceloient d'or, de rubis et de diamans. Il ne leur manquoit que des diadèmes. Le pauvre même, dans ce lieu de magnificence, ne demandoit l'aumône qu'en termes choisis.

Aujourd'hui encore, l'on retrouve à St.-Gervais quelques traces de l'ancienne splendeur des orfèvres et des échevins de l'Hôtel-de-ville. C'est-là que les femmes, comme jadis les marchandes de modes des Charniers des Innocens, viennent se montrer chargées de rubans et de dentelles. Mais l'aisance presque générale des Parisiens, fait que leur piété est tranquille; leur chant est doux et mesuré; et c'est-là aussi où l'on retrouve des beautés vraiment angéliques.

On peut conclure de ces différentes citations que l'éducation des collèges, celle des couvens, des catéchismes et des écoles de paroisse, ont eu une influence bien funeste sur le caractère des Parisiens.

Dans les collèges, la jeunesse puisoit des leçons de vanité, d'orgueil, de mépris et d'égoïsme; dans les couvens, celles de la débauche rafinée; dans les catéchismes, celles de la duplicité jésuitique, de la perfidie, de la fourberie et

de l'intolérance ; dans les écoles de cha-
rité, celles de l'ingratitude, de la paresse,
du mensonge et de la brutalité.

Voilà pourquoi les nobles qui ont lâ-
chement donné l'exemple de l'émigration, ont été presque tous dénoncés par
leurs laquais ou leurs portiers.

Voilà pourquoi dans les assemblées
sectionnaires, les motions les plus extravagantes, les projets les plus atroces,
les mesures les plus vexatoires ont été
proposés et exécutés avec une opiniâtreté cruelle, par le plus grand nombre
des cordonniers, des tailleurs, des mé-
nuisiers, des manœuvres, des serruriers,
des perruquiers, et même des chirurgiens.

L'insolence des nobles et des riches
qui ne les payoient pas avoit exalté leur
haîne.

Mais on ne trouva ni assommeur, ni
révolutionnaires parmi les bons charbon-
niers, les bouchers, les forts de la Halle,
les commissionnaires, les savoyards, parce
que plus dépendans des habitans, à cause

de leurs besoins domestiques, ils n'éprouvèrent pas comme d'autres le manque
d'argent; et que d'ailleurs, par leur caractère pacifique, ils étoient moins accessibles à la corruption.

Toutes ces nuances ont été effacées
par le renversement du culte catholique;
il avoit donné une empreinte remarquable
à chaque quartier, au point que dans la
Cité on saluoit un prêtre parce qu'il avoit
l'air noble, l'air d'un Chanoine de Notre-
Dame, tandis qu'ailleurs un prêtre n'étoit
qu'un cuistre.

Tous ces Chanoines, gros Curés, Vicaires, gras Presbytériens faisoient des
enfans dans le quartier; des aides-de-
camp, des gendarmes ont pris leur place.

CHAPITRE CLXXI.

Estampes critiques.

Si les travers de l'esprit humain conti-
nuent d'aller en augmentant, il faudra
compter au moins mille Calots pour les
exposer à la censure des bons esprits.

Eh! qui pourroit douter que c'est
l'ingénieux burin de la critique qui a
persuadé aux femmes, même les plus
têtues en fait de modes bizarres, de re-
noncer à l'édifice de cette coîffure ap-
pelée *monte-au-ciel,* et qu'il sembloit
qu'un perruquier n'ayoit pu bâtir qu'à
l'aide d'une échelle.

Les *habits carrés,* les *culottes an-
gloises,* les *brodequins à bec de canards,*
les *robes athéniennes,* les *chapeaux à*

lucarne, à *cul de panier*, ont fourni à Vernet l'idée des *Incroyables* et des *Merveilleuses*. Tout Paris a accueilli cette ingénieuse production; les gens-sensés en ont justifié la satyre en adoptant le costume contraire , c'est-à-dire, celui que la raison dessine et dont elle autorise l'usage.

N'admire-t-on pas les caprices de la fortune dans cette merveilleuse qui donne le bras à son galant; ronde comme une cucurbite, elle a encore l'air étonnée de son ajustement; celle qui l'a rencontrée droite et mince comme une asperge, la reconnoît sous son costume nouveau, et semble dire; C'est Jeanneton qui vendoit des petits pois au litron.

Le même Vernet n'expose-t-il pas au même ridicule là manie des courses ressuscitée de nos jours.

Vous avez vu l'*anglomane*, le ventre rentré, le dos bombé, étroit comme un roseau, courant à cul-levé sur un long coursier anglois; vous avez vu aussi

l'*Amazone moderne*, les cuisses sanglées
sur sa selle, laisser envoler dans sa
course rapide son chapeau de velours *à
la Jokei*.

Aujourd'hui Vernet vous montre les
apprêts d'une course, et les Jokeis montés;
les coursiers sont caparaçonnés; les cou-
reurs en soubre - vestes, en chapeaux à petits rebords, les promènent doucement
pour les tenir en haleine: on juge à leurs
jarrets déliés, à leurs ventres creux, qu'ils
ont été purgés la veille, qu'on les a
pesés, et que les hommes ont subi la
même opération. Une mouche sur eux
seroit de trop: vos yeux suivent dans le
lointain d'autres concurrens qui mesu-
rent la plaine. Le mouvement du Jokei,
les différentes attitudes des chevaux, leur
air impatient, la mine confiante de leurs
guides, vous transportent déjà sur le lieu
de la scène. Vous n'attendez plus que
le signal de la course.

Et l'*Intérieur des comités révolutionnaires*, n'offre-t-il pas une peinture

exacte de ce qui se tramoit dans ces antres de Poliphèmes, où tant d'innocens éprouvèrent d'avance les sueurs froides de la mort? Qui ne frémit pas d'horreur à l'aspect de ce président furibond? L'on entend les ronflemens rauques de ce secrétaire en bonnet rouge, qui cuve, accoudé sur la table, le vin du matin.

La visite de ces bouteilles dont l'étiquette établit avec le crime de suspicion, celui de correspondance en pays étrangers; la frayeur qui s'empare du malheureux accusé qui répète tout bas : *Vin de Hongrie;* l'audace de l'accusateur, les tables chargées de bijoux et d'autres effets provenant du bris des scellés : que de choses, dans un si court espace!

Vous voici devant l'*Exclusif*; il est dans l'attitude d'un gladiateur; son œil étincelle de fureur, sa bouche effroyable écume de rage; on lit sur le dos de son chapeau retourné: *liberté;* d'une main il tient un pistolet, en travers duquel est écrit: *la mort;* de l'autre il tient un poignard, et sur la lance on lit: *frater-nité*; un petit bonnet rouge est pendu à sa boutonnière, et ses poches sont pleines de dénonciations; il est presque sans culotte; ses bras nuds jusqu'aux épaules vont se plonger dans le sang des victimes; c'est un Aristide moderne.

Le *Club de Clichy* dans des cloches retournées paroît plus piquant que l'*estampe des grenouilles* qui demandent un roi. Un bout du soliveau forme des deux côtés les profiles de Louis XVI et d'Antoinette. Plus loin des oiseaux de proie à longs becs qui figurent les Jacobins sous le règne de terreur, croquant les grenouilles l'une après l'autre; d'autres les mènent à la Guillotine, ou donnent le signal d'une fusillade: mais vous vous arrêtez devant cet infortuné qui plongé dans un cachot et surchargé de chaînes, écrit à Robespierre, et finit sa lettre en traçant ces mots: „*Vive la liberté!*"

Tels sont les tableaux fidèles qui retracent la plupart des événemens, et les facétieux ne sont pas plus oubliés que les autres.

Le *Pas de deux* ou *la Folie du jour*, est l'expression pittoresque du genre de danse le plus à la mode dans les bals. Le ménétrier qui tire la langue en signe d'approbation, les bouteilles qu'il a déjà vidées pendant son activité ; tout cela est d'un burin vraiment comique.

Enfin vous voyez en parallèle la *Danse de la levrette et du chien costumés en Incroyables.* Voici le *Perruquier millionnaire* prenant le chocolat ; *l'Usurier qui prend le gage, le billet à ordre et le cautionnement;* le *Croyable actif filoutant un mouchoir dans la poche d'un citoyen;* le *Départ du député remplacé, gros et gras;* l'*Arrivée du remplaçant sec et maigre;* le *Miroir du passé,* ou *l'Intérieur de la commune,* où une centaine de personnages sont sans tête, les furies de Guillotine qui se lamentent; l'*État-Major du Pape en déroute;* la *Cuisine des moines dans le bon tems;* le *Bœuf à la mode;* les *Rentiers sur le chemin de Bicêtre;* et cet autre qui ayant un pied de nez, à la trésorerie nationale, le touche en s'écriant: *Que ne suis-je Caïus!*

www.ingramcontent.com/pod-product-compliance
Ingram Content Group UK Ltd.
Pitfield, Milton Keynes, MK11 3LW, UK
UKHW020135130726
13696UKWH00001B/367